구어 능력 발달 연구

구어 능력 발달 연구

장경희
이필영
김태경
김정선
김순자
전은진

역락

머리말

　인간은 먼저 구어(口語)를 습득하고 난 후에 학습을 통해 문어 (文語)를 익힌다. 세계에는 문어가 없이 구어만 가진 민족이나 집 단들도 있고, 문어가 존재하는데도 구어만으로 생활하는 사람들 도 드물지 않다. 이처럼 언어의 본질이 문어보다는 구어에 있음에 도 불구하고, 구어는 오랜 기간 연구의 핵심에서 벗어나 있었다. 언어학이나 언어 교육 분야에서 구어를 주목하기 시작한 것은 비 교적 최근의 일이다. 구어에 대한 논의가 확산되면서 그동안 화용 론, 대화 분석, 담화 분석 등의 영역에 한정되었던 구어 연구가 언어의 모든 층위에서 이루어지고 있다. 음운, 문법, 단어 층위에 서도 구어를 대상으로 하는 연구가 수행되고 있고, 표준어 중심의 언어 연구 풍토에서 주변적 위치에 머물러 있던 방언 연구도 그 중요성이 재인식되고 있다. 이론 중심의 언어 연구가 언어 그 자 체를 설명하는 데 치중해 왔다면, 구어를 연구 대상에 포함하면서 언어 연구는 자연스럽게 인간의 구체적인 삶과 연결될 수 있게 되었다.

　이 책의 내용은 '구어'를 대상으로 한다. 여기서 '구어'는 그 지 시 대상이 명료한 듯 보이지만 실제로 그 범위가 어디까지인가에 대해서는 논란의 여지가 있다. 구어의 범주를 한정하려고 할 때,

우리는 구어적 특성과 문어적 특성이 혼합된 언어 자료와 마주치기 때문이다. 예를 들어, 소설, 희곡 대본 속의 대화는 문자 텍스트로 존재하지만 구어적 특성을 지니고 있고, 방송 속의 책 읽기 등은 음성으로 전달되지만 문어적인 특성을 지니고 있다. 최근 컴퓨터 대화나 휴대폰의 문자 서비스 등에서는 구어 활동이 문자언어를 통하여 수행되는 것을 볼 수 있다. 이 책에서는 대상으로 삼은 '구어'는 이와 같은 포괄적 의미에서의 구어가 아니라 음성을 매개로 실제 상황에서 사용되고 '상호성'을 지니는 대화 자료를 가리킨다. 구어를 사용하여 소통하기 위해서는 여러 하위 영역의 능력이 갖추어져야 하는데, 조음 능력, 어휘 사용 능력, 문장·텍스트 구성 능력, 화행 수행 능력, 상호작용 능력 등이 그것이다. 이러한 능력은 첫 단어를 사용한 이후로 성인기까지 지속적으로 발달한다. 이 책은 유아부터 성인까지 구어 능력의 발달이 어떻게 이루어지는가에 대한 의문에서 출발하였다. 이 책의 내용은 구어 능력의 발달에 대한 연구 성과 총 11편을 바탕으로 한다. 각 연구 성과들은 개별적으로 발표된 것으로, 소리, 어휘, 문장, 텍스트 단위에서 구어 능력의 발달을 조망해 보았다.

구어 연구를 위해서는 연구 대상 자료의 수집과 분석에 많은 시간과 노력이 필요하다. 산출과 동시에 사라져버리는 음성언어를 어떻게 지속적으로 머물게 할 것인가, 즉, 음성언어를 인간이 지속적으로 관찰 가능한 양식으로 전환하는 작업이 우선되어야 한다. 특히, 구어에 대한 실증적인 연구들은 구어를 대상으로 한 코퍼스(corpus, 말뭉치)들이 구축되면서 비로소 수행될 수 있게 되었다. 이러한 연구 성과들은 언어학 분야에서 구어 능력, 구어 능력 발달을 다룰 수 있는 기초를 제공해 주었다. 그동안 유아 교육이나 언어병리학에서만 주로 다루어져 왔던 언어 발달 연구와 접목하여 연구 내용과 대상을 확장할 수 있는 계기와 도구가 마련된 것이다. 이 책은 연령별 실제 대화 자료를 분석하여 구어 능력의 발달 과정을 밝히고자 하였다. 이 책에서 보인 결과들은 주로 한양대학교에서 구축한 〈연령별 구어 주석 코퍼스〉의 분석 내용을 토대로 한 것이다. 〈연령별 구어 주석 코퍼스〉는 연령별 대화 음성 자료를 토대로 화자 정보, 전사 파일, 음성 파일로 구성된 파일 DB를 구축하고, 음운, 형태, 화용적 측면에서의 분석 결과를 주석하여 각각의 주석 내용에 따라 발화를 검색할 수 있도록 설계되었다. 〈연령별 구어 주석 코퍼스〉의 주석 내용은 연령, 성별, 평균 발화 길이(MLU) 등 화자에 관련된 정보와 화행, 담화 표지 기능, 형태 범주, 운율 단위와 유형 등 개별 발화에 대한 정보를 포함한다.

이 책의 필자들이 모여 구어 능력 발달에 관한 연구를 시작한 지 어느덧 10년이 다 되었다. 화용론, 형태론, 음운론 등 다양한 전공의 연구자들이 공동으로 자료를 모으고 함께 모여 토론하면서 서로의 연구 영역에도 관심을 가지게 되었고 진지한 조언을 아끼지 않았다. 그동안 우여곡절도 많았지만 각기 다른 전공 분야의 연구 성과들을 종합하여 한 권의 책을 이루어낸 데에 감회가 새롭다. 서로에 대한 깊은 신뢰와 애정이 없이는 어려운 일이다. 이 책이 나오기까지 이 외에도 많은 분들이 애써 주셨다. 자료 구축의 초기 단계를 도와준 김정아, 육영주, 김선화, 백경미 연구원에게 고마움을 표하며, 자료 검색 및 응용 시스템 개발 과정에 도움을 주신 한양대학교 컴퓨터공학과의 최용석 교수님께 감사의 말씀을 드린다.

이 책은 모두 네 개의 장으로 구성되었다. 제1장에서는 분절음의 조음과 운율의 발달에 대해 '발화 속도'와 '비유창성'을 중심으로 다루고, 제2장에서는 어휘 발달에 대해 '사용 어휘 목록과 어휘 다양도'를 중심으로 다룬다. 제3장에서는 문장과 텍스트 구성 능력의 발달에 대해 '평균 발화 길이'의 변화와 '화행'의 확장을 중심으로 양적 접근 방식을 취해 설명하고, 제4장에서는 구어의 핵심적인 능력인 상호작용 능력의 발달에 대해 '주제 전개 방식', '맞장구', '응대 방법' 등에 초점을 두고 설명한다.

이 책의 내용은 음성·음운에서 형태, 단어, 문장, 텍스트, 담화에 이르는 언어학의 전 영역에서 참조될 수 있을 것이다. 이 밖에도 연령 변이를 포함한 사회언어학적 연구, 언어 습득 및 발달 연구, 구어의 언어학적 연구 성과가 활용되는 국어교육, 언어 진단과 치료, 정보 처리 분야에서 활용될 수 있을 것으로 본다.

구어 연구는 이제 출발의 지점에 있다. 금번의 구어 능력 발달 부문의 저서 발간을 계기로 앞으로 언어연구가 일상생활 속의 언어와 보다 가까워지고 인간에 대한 이해를 심화시키는 데 기여할 수 있기를 기대하며, 소중한 글들을 좋은 책으로 꾸며 주신 역락 출판사에도 고마움을 전한다.

2014년 7월

장경희, 이필영, 김태경, 김정선, 김순자, 전은진

목차

표 목차

그림 목차

조음 및 운율 발달

구어 능력 발달 연구

조음 및 운율 발달

정상 발달 아동은 평균적으로 5세 정도가 되면 모국어에 속한 소리, 즉, 자음이나 모음과 같은 음소들을 모두 제대로 발음할 수 있게 된다. 그러나 복잡한 소리를 연이어 발음하는 능력, 더듬지 않고 자연스러운 리듬과 억양으로 말하는 능력은 5세 이후에도 계속해서 발달한다. 분절음의 조음과 운율 선택 등에서 말소리의 산출을 보다 더 잘 조정할 수 있게 되어 유창성이 늘어나는 것이다.

아동의 조음 능력 발달을 다룬 많은 책에서는 모국어의 자음 체계와 모음 체계가 언제 습득되는지, 발음 변동 규칙을 언제 배우는지에 대해 주로 기술하고 있다. 이처럼 언어 발달 초기에 완성되는 음소 체계의 습득 시기와 순서에 대해 비교적 많은 관심이 기울여진 데 반해, 5세 이후에 보다 중요해지는 발음의 유창성 발달은 거의 주목을 받지 못하였다. 따라서 이 책에서는 음운 체계 발달에 관한 모든 내용을 다루려고 하는 대신에 발음의 유창성 발달에 초점을 맞출 것이다.

유창성(fluency)에는 여러 가지 요소가 관여한다. Fillmore(1979)는 유창성을 심각한 끊김이 없이 말을 진행하는 능력이라고 정의하였다. 학자에 따라서는 발음, 억양, 속도와 함께 어휘, 문법 등의 표현력을 유창성에 포함시키기도 하고(강승혜 2005), 내용의 일관성이나 형식의 결합성과 같은 담화 구성 능력을 포함시키기도 한다(김영아 1996). 이처럼 유창성에 대해서는 각기 다른 관점이 존재하지만, 유창성에 대한 정의에서 공통되는 핵심적인 요소는 '속도'와 '연속성'이라 할 수 있다. 다시 말해, 유창성은 같은 결과물을 내더라도 막힘없이 빠른 속도로 정보를 처리하는 능력을 가리킨다고 할 수 있다.

이 책의 첫 장에서 살펴볼 내용은 발화의 유창성에서 핵심이 되는 속도와 연속성의 측면에서 아동의 조음 및 운율이 어떻게 발달하는가에 관한 것이다. 먼저, 발화 속도의 연령별 변화 양상과 그 변화의 폭을 관찰하고, 성인의 발화 속도에 대한 기존 연구 결과와의 비교를 통하여 아동의 발화 속도가 성인 수준에 도달하는 시점을 알아보고자 한다. 다음으로, 발화의 연속성을 저해하는 비유창성 요소, 즉, 말하는 중간에 단어 또는 음절을 반복하거나 불필요한 음절을 삽입하는 등의 말더듬 현상이 연령별로 어떻게 다르게 나타나는가, 그리고 발화 속도 및 발화 길이와 말더듬 발생 빈도에 어느 정도의 영향을 미치는가를 기술할 것이다.

이 장에서 기술하는 관찰 대상자는 서울 지역의 만 3~8세 아동 144명(연령별 24명)이다. 성별에 따른 대상자 비율은 동일하며(연령별 남아 12명, 여아 12명), 부모나 교사에 의하여 정상으로 보고되고 시각 및 청각 등 감각 장애나 행동 장애를 나타내지 않는 아동으로 선별되었다. 그리고 여기서 논의하는 발화 속도나 비유창성의 발생 빈도는 낭독이나 모방이 아닌 자발적인 대화 녹음 자료에 의한 것이다.

1. 발화 속도의 변화*

모국어 사용 능력의 발달 정도는 음소 변별력, 어휘력, 문장 구성력 등 언어 지식뿐 아니라 언어 사용 측면을 통해서 볼 수 있다. 실제 언어 사용에서는 개별 음소의 발음이나 정확한 어휘의 선택 못지않게 발화의 속도가 적절한 범위를 벗어나지 않는 것 역시 중요한 요소가 된다.

발화 속도의 평균과 범위에 대해 국외에서는 이미 많은 연구가 이루어져 왔고, 다양한 상황에서 아동이 연령에 따라 나타내는 차이에 대한 조사 결과가 보고되었다(Sim & Zebrowski 1994, Pindzola et al. 1989, Meyers & Freeman 1985). 그러나 그러한 연구 결과들은 주로 영어 화자들에 해당되는 것으로 국어 화자에게 그대로 적용하는 것은 적절하지 않다. 국내에서 정상 발달 아동의 발화 속도에 대한 연구는 매우 드물게 이루어진 편이며, 주로 주어진 과제에 따른 발화를 대상으로 삼아 자극 또는 과제의 유형에 따른 발화 속도의 차이를 밝히는 데 초점을 두었다. 심현섭 외(1999)에서는 자극 문장의 말속도 변화에 따른 4~5세 아동의 모방 능력을 연구한 바 있고, 김지연(2001)에서는 3~5세 아동이 그림책보고 설명하기, 그리고 검사자와 이야기하기 등의 과제를 통해 보인 발화 속도의 차이를 보고한 바 있다. 안종복 외(2002)에서는 성인 및 8~10세 아동을 대상으로 읽기 및 보고(하루 동안 일어난 일에 대해 1분 이상 말하기)에 나타난 발화 속도의 범위를 제시하였다.

이와 같이 아동의 발화 속도에 대한 기존 연구는 주어진 과제

---

* 이 절의 내용은 김태경·장경희·이필영(2006) "한국어 발화속도의 연령별 증가에 관한 연구"(음성과학 13권 3호)의 내용을 바탕으로 한 것이다.

에 따른 발화를 대상으로 하였고, 대부분이 화자별로 10발화, 혹은 1분 이내의 언어 표본을 취하고 있다. 자발화는 자료를 수집하기가 어렵고 분석 시에 다른 변인들을 통제하기가 어렵다는 단점 때문에 읽기 또는 인터뷰 과제를 통한 분석이 주를 이룬다. 그러나 주어진 과제를 통한 분석은 인위적으로 계획된 기준에 따른 자료만을 취하게 될 위험이 있으므로, 실제 언어 사용에서 드러나는 자연스러운 결과와 다를 수 있다. 발화 속도는 조음 능력과 더불어 의미나 통사 지식이 종합적으로 영향을 미치는 언어 현상이므로, 완전하게 비구조화된 상황에서 아동의 일상적인 발화를 이끌어내고 이를 분석하는 것이 필요하다. 또한, 수집된 언어 표본의 양도 분석 결과에 중요한 영향을 미친다.[1] 그러므로 연령으로부터 발화 속도를 추정할 수 있도록 하기 위해서는 자연스러운 대화 상황으로부터 수집된 보다 많은 언어 표본에 대해 연구가 이루어질 필요가 있다.

발화 속도의 연령별 변화를 관찰하는 데 있어 주의해야 하는 또 다른 점은 발화 길이나 성별 등 언어적·사회적 변인이 관측치에 영향을 미칠 수 있다는 것이다. 학령기 이전의 정상 발달 아동을 대상으로 한 Amster & Starkweather(1987)의 연구에서는 발화 속도가 연령뿐 아니라 발화 길이 사이에 상관관계가 있음이 언급되었다. 성인을 대상으로 한 연구에서도 발화 속도와 발화 길이 사이에 정적인 상관관계가 있다고 보고된 바 있다. Malecot et al.(1972)의 연구 결과에 따르면 2~5 음절의 발화에서는 평균 발화속도가 분당 323 음절이고, 6~9 음절의 발화에서는 분당 343 음절, 10~50 음절의 긴 발화에서는 분당 354 음절로 나타났다. 성별도 발화 속도에 영향을 주는 하나의 변인으로 제기되고 있는

---

1 자발화의 경우 일반적으로 한 화자당 50~100개의 발화가 적정 표본의 양으로 제기된다(박경자 1997).

데, 성별과 발화 속도의 관계에 대한 연구는 일치하지 않는 결과
를 보인다. Olsen & Koetzle(1936)에서는 3~5세 아동을 대상으로
한 연구에서 남아가 여아에 비해 발화 속도가 빠르다고 주장한
반면, Hutt(1985)에서는 30~65개월인 남녀 아동 각 6명의 발화
속도를 연구한 결과, 여아의 발화 속도가 남아에 비해 빠르다고
하였다. 성인을 대상으로 한 연구에서도 일치하지 않는 결과를
보여, Venkatagiri(1999)에서는 성별에 따른 발화 속도에서 유의한
차이가 나타나지 않았다고 보고되었고, Lutz & Mallard(1986)에서
는 대화 및 읽기 모두에서 여성이 남성보다 발화 속도가 빠른 것
으로 나타났다. 그러므로 발화 속도에 대한 규준을 수립하고 정
확한 측정 및 해석이 이루어지기 위해서는 발화 속도에 영향을
미칠 가능성이 있는 발화 길이나 성별 등의 변인들이 함께 고려
되어야 한다.

여기서는 만 3~8세의 정상 발달 아동의 화자별 발화 속도 평
균과 범위를 구하고, 이들 측정값이 연령과 성별 변인 집단에 따
라 유의한 차이를 나타내는지를 살펴본다. 이어서 각각의 변인이
발화 속도에 미치는 영향력의 크기에 대해 알아볼 것이다.

1.1 연령별 발화 속도 평균 및 범위

발화 속도의 연령별 양상을 살펴보기 위하여 먼저 아동이 익숙
한 곳(유치원과 학교 교실)에서 또래 친구와 약 30분 간 자유 놀
이하면서 자발적으로 발화한 내용을 녹음하였다. 발화 내용은 모
두 한글로 전사하였고, 녹음된 자료 가운데 피험자의 음성을 발
화 단위로 추출하여 표본추출률 22,050Hz로 저장하였다. 표집 대
상 발화 수는 화자별로 50 발화를 기준으로 하되, 간투사로만 이

루어진 발화와 소음이 삽입된 발화를 제외하고 발화된 시간의 순
서대로 표집하였다.[2]

분석 대상이 된 음성 자료는 총 7,113 발화로, 화자별로는 약
50 발화에 해당한다. 발화 속도의 분석은 발화의 지속 시간과 음
절 수를 측정하여 초당 음절 수를 계산하였다. 발화의 지속 시간
에는 문중억양구 경계 다음에 오는 휴지 구간의 지속 시간이 포
함된다.[3] 발화 시간 및 음절 수 측정에 사용된 음성 분석 도구는
SCICON사의 PitchWorks 프로그램(Version 6.0)이다. 발화의 구분
은 (1)양끝에 휴지를 지니고 (2)문미억양구 경계억양이 나타나거
나 (3)화자가 바뀌는 경우를 기준으로 삼았다.[4]

발화 속도의 연령별·성별 분석 결과는 〈표 1.1〉에 제시되어
있다. 발화 속도는 초당 음절 수(sps)로 계산되었다.

---

2 간투사로만 이루어진 발화의 예로는 "아", "아이", "어", "웅", "에이", "아니"
등이 있다.

3 발화 속도는 발화 시간에 쉼과 비유창성 요소들을 포함하는지의 여부에 따라
조음 속도(articulatory rate)와 전체 발화 속도(overall speaking rate)의 두 가
지로 나뉘며, 이 책의 분석 방법은 후자에 해당한다. 전체 발화 속도는 발화
중간에 오는 머뭇거림으로 인한 쉼이나 들숨과 같은 비구어적 소음을 포함하
여 발화 시간을 측정한 것이고(Yaruss, 1997), 조음 속도는 쉼이나 비유창성
의 시간을 제외하고 산출된 음절 수를 측정한 것이다(Constello, 1983). 조음
속도는 조음 기관의 운동 조절 능력을 관찰하기 위한 목적에서 주로 사용되
고, 전체 발화 속도는 조음 기관의 운동뿐 아니라 발화 중간에 삽입되는 쉼
이 말의 산출에 관여하는 인지적 측면을 반영한다는 관점에서 포괄적 언어
처리 능력을 관찰하기 위한 목적으로 사용된다.

4 구어의 기본 단위로서의 발화 단위 설정에 관한 기존의 논의로는, 유필재
(1994), 신지연(1998), 이희자(2002), 전영옥(2003) 등이 있다. 유필재(1994),
신지연(1998)에서는 운율상의 특성과 함께 의미적 완결성을 발화 단위 설정
의 중요한 기준으로 보았다. 그런데 불완전한 구조가 구어의 특징 중 하나
로 언급될 만큼, 실제 구어에서는 의미의 완결성 여부를 파악하기가 쉽지
않으므로, 실제 자료를 분석할 때에 연구자마다의 주관이 개입되기 쉽다는
문제가 있다. 따라서 이 책에서는 발화 단위의 설정에 있어서 운율적 요소
를 일차적인 판단 기준으로 삼았다.

〈표 1.1〉 연령과 성별에 따른 발화 속도[5]

(단위: sps)

연령	성별	발화 속도		
		평균	최대	최소
3	남	3.92 (0.48)	6.50 (0.90)	2.08 (0.50)
	여	4.01 (0.38)	6.41 (0.79)	1.99 (0.35)
	전체	3.96 (0.43)	6.46 (0.84)	2.04 (0.43)
4	남	4.09 (0.37)	6.93 (0.96)	1.88 (0.58)
	여	4.24 (0.26)	6.28 (0.50)	1.93 (0.58)
	전체	4.17 (0.33)	6.61 (0.83)	1.90 (0.58)
5	남	4.72 (0.43)	7.65 (0.64)	2.39 (0.50)
	여	4.36 (0.38)	7.82 (1.41)	2.17 (0.57)
	전체	4.54 (0.45)	7.74 (1.10)	2.28 (0.55)
6	남	4.51 (0.26)	7.42 (1.05)	2.26 (0.60)
	여	4.84 (0.31)	7.87 (0.98)	2.28 (0.54)
	전체	4.68 (0.33)	7.65 (1.04)	2.27 (0.57)
7	남	5.15 (0.52)	8.47 (1.58)	2.27 (0.49)
	여	4.94 (0.44)	8.79 (1.75)	1.90 (0.46)
	전체	5.05 (0.49)	8.63 (1.68)	2.08 (0.51)
8	남	4.87 (0.57)	7.76 (0.96)	1.72 (0.81)
	여	5.18 (0.45)	8.41 (0.87)	2.05 (0.74)
	전체	5.02 (0.54)	8.09 (0.97)	1.88 (0.80)
전체	남	4.54 (0.62)	7.46 (1.23)	2.10 (0.64)
	여	4.60 (0.56)	7.60 (1.47)	2.05 (0.57)
	전체	4.57 (0.59)	7.53 (1.36)	2.08 (0.60)

가. 평균 발화 속도

〈표 1.1〉에서 볼 수 있는 바와 같이, 평균 발화 속도는 만 3세 집단에서는 3.96 sps로 나타났고 1년씩 증가된 연령 집단에서 각각

---

5 괄호 안의 수치는 표준편차를 나타냄.

4.17, 4.54, 4.68, 5.05, 5.02 sps로 나타났다. 즉, 만 3세부터 만 7세까지 연령이 높아짐에 따라 일관되게 증가하는 양상을 보였고, 만 8세 집단에서는 만 7세 집단에 비해 약간 떨어지는 경향이 있었다.

이러한 연령 집단에 따른 차이에 대한 사후 검정으로 t-test를 실시한 결과는 〈표 1.2〉에 제시하였다. 〈표 1.2〉에서 보인 바와 같이 1년 간격의 연령 집단에서는 만 4세와 만 5세(t =-3.203, p 〈.01), 만 6세와 만 7세(t =-3.009, p 〈.01) 사이에서 유의한 차이를 나타내었고, 만 3세와 만 4세(t =-1.775, p =.08), 만 5세와 만 6세(t =-1.189, p =.24), 만 7세와 만 8세(t =.152, p =.88) 사이에서는 유의한 차이가 나타나지 않았다. 그리고 2년 간격의 연령 집단에서는 만 3세와 만 5세(t =-4.417, p 〈.001), 만 4세와 만 6세(t =-5.211, p 〈.001), 만 5세와 만 7세(t =-3.680, p 〈.001), 만 6세와 만 8세(t =-2.659, p 〈.05) 사이에서 모두 유의한 차이를 나타내었다.

성별에 따라서는 여아의 평균 발화 속도(4.60)가 남아의 경우(4.54)보다 다소 높았으나, 이러한 성별 집단에 따른 평균 발화 속도의 차이는 통계적으로 유의하지 않은 것으로 나타났다(t =-.51, p =.61).

〈표 1.2〉 평균 발화 속도에 대한 연령 집단 간 사후 검정 결과와 t - value

변수2 변수1	4세	5세	6세	7세	8세
3세	-1.775	-4.417***	-6.246***	-7.900***	-7.360***
4세		-3.203**	-5.211***	-7.106***	-6.519***
5세			-1.189	-3.680***	-3.347**
6세				-3.009**	-2.659*
7세					.152

* p 〈.05, ** p 〈.01, *** p 〈.001

본 연구 대상 아동들의 평균 발화 속도는 선행 연구들에서 보고된 일반 성인의 평균 발화 속도에 비하여 대체로 낮은 수치를 나타냈으며, 만 7세 이상에 이르러 성인의 평균 발화 속도에 비교적 근접하는 것으로 나타났다. 이숙향·고현주(2004)에서는 느린 발화, 보통 발화, 빠른 발화로 나누어 성인의 발화 속도(읽기)를 측정하였는데, 보통 발화의 경우 5.60~6.29 sps의 속도를 갖는 것으로 보고된 바 있다.[6] 일반적으로 읽기 실험에서 발화 속도가 가장 빠르고 다음으로 자발적 대화, 설명하기의 순으로 나타난다는 점을 감안할 때,[7] 이 연구에서 측정된 만 7세 아동의 평균 발화 속도(5.05 sps)는 기존 연구에서 조사된 성인의 보통 발화 속도에 가까운 것으로 해석할 수 있다. 또한, 만 7세 아동과 만 8세 아동 집단의 표준편차는 각각 0.49 sps와 0.54 sps로 다른 연령 집단에 비해 높게 나타났다. 즉, 평균 발화 속도는 만 7세까지 꾸준히 증가하다가 만 7세부터 아동 간 격차가 커지기 시작해 7세와 8세 사이에서는 별다른 변화가 나타나지 않음을 확인할 수 있다.

---

6 이숙향·고현주(2004)에서 제시된 결과는 읽기 실험을 통한 발화 자료를 대상으로 한 것이므로 이 책에서 제시한 자발적 대화 자료 분석 결과와 직접적으로 비교하기는 어렵다. 따라서 해당 연구 결과는 참조의 대상으로만 삼았음을 밝혀둔다.

7 Venkatagiri(1999), Lutz & Mallard(1986), Walker(1988), Leeper & Woodard(1978), Walker et al.(1992) 등의 여러 연구에서 읽기, 그림 설명하기, 대화하기 등의 과제를 사용하여 과제에 따른 발화 속도 차이가 보고된 바 있다. 19~31세의 성인 남녀 16명을 대상으로 한 Venkatagiri(1999)의 연구 결과에 따르면, 읽기의 경우에 5.16 sps, 자발화에서는 4.28 sps, 그림 설명하기에서는 4.02 sps의 평균 발화 속도를 보이며, 성인 남녀 각각 60명을 대상으로 발화 속도를 측정한 Walker(1988)의 결과에서는 문장 읽기가 분당 188.4 낱말, 대화는 분당 172.6 낱말로 나타났다. Walker et al.(1992)는 성인뿐 아니라 아동의 경우에도 발화 속도에 유의한 차이가 있음을 보여주는 연구 결과로, 이에 따르면 그림책을 보고 말하는 경우의 발화 속도가 모방하기에 나타난 발화 속도에 비해 더 빠른 것으로 나타났다.

나. 최대 발화 속도

최대 발화 속도의 경우, 평균 발화 속도에 비하여 그 증가 양상이 일정하게 나타나지는 않았지만, 전체적으로는 높은 연령에서 높은 수치를 보였다. 〈표 1.1〉에 나타난 최대 발화 속도의 연령별 평균을 보면, 만 3세 집단에서는 6.46 sps로 나타나다가 만 7세와 만 8세에는 각각 8.63 sps와 8.09 sps로 나타나 있다. 성인의 경우에 빠른 발화에서 7.04 ~ 8.14 sps의 발화 속도를 보인다는 기존의 연구 결과(이숙향·고현주 2004)를 참조하여 볼 때, 평균 발화 속도와 마찬가지로 최대 발화 속도 역시, 만 7세 무렵이면 성인의 경우와 큰 차이가 없는 것을 알 수 있다.

최대 발화 속도의 연령 간 차이에 대한 사후 검정 결과에 의하면, 1년 간격의 연령 집단에서는 평균 발화 속도의 경우와 마찬가지로 만 4세와 만 5세(t =-3.926, p 〈.001), 만 6세와 만 7세(t =-2.397, p 〈.05) 사이에서 유의한 차이를 나타내었고, 만 3세와 만 4세(t =-.614, p =.54), 만 5세와 만 6세(t =.282, p =.78), 만 7세와 만 8세(t =1.353, p =.18) 사이에서는 유의한 차이가 나타나지 않았다. 그리고 2년 간격의 연령 집단에서는 만 6세와 만 8세(t =-1.478, p =.15) 집단을 제외하고 만 3세와 만 5세(t =-4.429, p 〈.001), 만 4세와 만 6세(t =-3.745, p 〈.001), 만 5세와 만 7세(t =-2.146, p 〈.05) 사이에서 모두 유의한 차이를 나타내었다. 성별에 따라서는 유의한 차이가 발견되지 않았다(t =-.608, p =.54).

〈표 1.3〉 최대 발화 속도에 대한 연령 집단 간 사후 검정 결과와 t - value

변수2 변수1	4세	5세	6세	7세	8세
3세	-.614	-4.429***	-4.266***	-5.560***	-6.063***
4세		-3.926***	-3.745***	-5.188***	-5.533***
5세			.282	-2.146*	-1.142
6세				-2.397*	-1.478
7세					1.353

* $p < .05$, ** $p < .01$, *** $p < .001$

다. 최소 발화 속도

최소 발화 속도는 연령에 따라 증가하는 것으로 보이지 않으며 (표 1.1 참조), 통계적으로도 연령 집단 간 유의미한 차이가 나타나지 않았다. 남아와 여아 간에도 차이를 볼 수 없었다.

이상의 내용을 종합하면, 평균 발화 속도와 최대 발화 속도는 적어도 만 3~8세 사이에 연령에 따라 꾸준히 증가하며, 적어도 2년 이상의 연령 간격에서는 모두 유의한 차이를 나타냄을 알 수 있다. 최소 발화 속도의 경우는 연령에 따른 차이를 보이지 않았다. 또한, 평균 발화 속도와 최대 발화 속도, 최소 발화 속도의 각각의 평균에서 성별 집단에 따른 차이는 나타나지 않았다. 연령별 최대 발화 속도, 평균 발화 속도, 최소 발화 속도는 [그림 1.1]에 차트로 나와 있다.

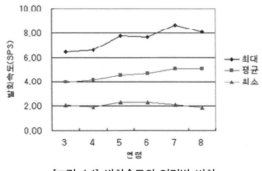

[그림 1.1] 발화속도의 연령별 변화

1.2 연령에 따른 발화 속도 추정

앞에 보인 것처럼, 평균 발화 속도 및 최대 발화 속도는 연령에 따라 유의미하게 증가되므로 연령으로부터 발화 속도를 추정할 수 있도록 회귀분석을 실시하였다. 이때 발화의 길이가 발화 속도에 영향을 미칠 수 있으므로(Amster & Starkweather 1987, Malecot et al. 1972), 이를 통제하기 위하여 연령과 함께 발화 길이(음절 수)를 설명 변인으로 설정하였다.

먼저, 연령과 발화당 음절 수 평균을 설명 변인으로 하고 평균 발화 속도를 종속 변인으로 할 때 다음과 같은 회귀방정식을 얻을 수 있다.

평균 발화 속도=0.227× 연령[8]+0.042× 발화 길이[9]+2.973

즉, 연령과 발화당 음절 수 평균을 알면, 위의 회귀식에 각 값

---

8 만 연령을 나타냄.
9 피험자의 발화당 음절 수 평균을 나타냄.

을 대입하여 만 8세 이하 아동의 평균 발화 속도를 예측할 수 있다. 평균 발화 속도에 대한 이러한 예측이 어느 정도 설명력을 갖는지를 보이기 위해 중회귀분석을 실시하였으며, 그 결과를 제시하면 다음과 같다.

〈표 1.4〉 평균 발화 속도에 대한 중회귀분석 결과

설명 변인	$\hat{\beta}$	t	R^2	$\overline{R^2}$	F
연령	.227	10.476***	.456	.447	59.091***
음절수	.042	1.956*			

* $p < .05$, *** $p < .001$

위의 결과에 따르면 음절 수 변인을 통제하고 연령을 1단계 증가시킬 때 발화 속도의 증가폭은 0.227sps로 추정된다. 그리고 연령 변인을 통제할 경우, 발화의 음절 수 증가에 따른 발화 속도 증가폭은 0.042sps로 추정된다고 할 수 있다. 이때 설명 변량은 45%이고 $p = .000$ 수준으로 유의도가 만족되었다.

다음으로, 최대 발화 속도에 대한 회귀분석을 실시하였다. 설명 변인으로는 연령과 발화당 음절 수 평균을 설정하였다. 그 결과로 다음과 같은 회귀방정식을 얻을 수 있다.

최대 발화 속도 $= 0.394 \times$ 만 연령 $+ 0.112 \times$ 발화당 음절 수 평균 $+ 4.430$

〈표 1.5〉 최대 발화 속도에 대한 중회귀분석 결과

설명 변인	$\hat{\beta}$	t	R^2	$\overline{R^2}$	F
연령	.394	6.904***	.279	.269	27.255***
음절 수	.112	1.991*			

* $p < .05$, *** $p < .001$

최대 발화 속도에 대한 중회귀분석 결과, 연령 변인의 경우 β의 추정값은 0.394로 나왔으며, 음절 수 변인의 경우 β의 추정값이 0.112로 나왔다. 그리고 이들 두 변인의 전체 설명 변량은 27%였고, 두 변인 모두 최대 발화 속도와 정적 관계를 지녔다. 이런 결과를 두고 볼 때, 연령이 높아질수록 최대 발화 속도가 증가하며, 동일한 연령군에서는 발화당 음절 수 평균이 증가할수록 최대 발화 속도가 높아진다는 사실을 확인할 수 있다.

이러한 결과는 연령과 평균 발화 속도, 그리고 연령과 최대 발화 속도 사이에 모두 선형 관계가 있음을 보여준다. 또한 성별 변인을 고려하여 남녀 아동의 상관비를 따로 비교해볼 때 남아들에 비하여 여아들에게서 보다 높은 연령과의 상관비가 나타났다. 즉, 여아들의 연령과 평균 발화 속도 사이의 결정계수는 .53(F=80.9, p <.001)로 남아의 .36(F=40.5, p <.001)에 비해 높았으며, 최대 발화 속도에 있어서도 결정계수가 .33(F=36.0, p <.001)로 남아의 .17(15.45, p <.001)에 비하여 높았다. 이러한 결과를 볼 때, 남아가 여아보다 연령과 발화 속도의 선형 관계에서 분산의 정도가 더 심하다고 해석할 수 있다.

1.3 요약

이 장에서는 만 3~8세 아동의 자발화를 대상으로 하여 발화의 유창성을 결정짓는 요인의 하나인 발화 속도를 분석하고, 연령별로 어떤 차이를 보이는지를 살펴보았다. 그 결과, 발화의 평균 속도 및 최대 속도는 연령이 증가함에 따라 함께 증가하는 양상을 보였고, 최소 속도에서는 차이가 나타나지 않았다. 성별로는 여아가 남아에 비해 다소 높은 관측치를 보였지만 유의한 차이는 없었다. 평균 발화 속도 및 최대 발화 속도의 경우 모두에서 유의한 차이가 관찰된 연령 간격은 2년으로 나타났다. 또한, 평균 발화 속도는 만 7~8세 무렵에는 기존 연구에서 조사된 성인의 발화 속도와 비슷한 수준에 도달하며, 이전 단계에 비해 개인 간의 편차가 커지는 양상도 관찰되었다. 평균 발화 속도 및 최대 발화 속도에 대한 회귀분석 결과는 이들이 모두 연령과 선형 관계가 있음을 보여주었다. 또한, 발화 길이 변인을 차단하는 경우에도 연령 변인의 발화 속도에 대한 설명력이 유지되었다. 이러한 결과들을 통하여 다음과 같은 제언을 할 수 있다.

(1) 한국의 만 3~8세 아동들의 발화 속도는 연령에 따른 언어 발달의 척도가 될 수 있다.

(2) 만 3~8세 아동들의 발화 속도 증가폭에서는 성별에 따른 차이가 의미가 없으나, 남아가 여아보다 분산의 정도가 더 크다.

(3) 언어 발달의 척도로서 발화 속도의 유의한 연령 간격은 2년이다.

(4) 발화 속도를 연령에 따라 예측할 경우, 발화 길이(음절 수) 변인을 고려함으로써 다소 더 높은 예측도를 나타낼 수 있다.

이 책에서 보인 결과는 만 3~8세의 서울 지역의 아동들만을 대상으로 하였고 종단적인 분석이 아닌 횡단 연구에 의한 것이라는 제한점이 있다. 여기서 관찰된 발화 속도와 연령과의 선형 관계가 몇 세까지 유지되는가, 그리고 몇 세 이후에서 예측도가 감소하는가 등이 밝혀지기 위해서는 이에 대한 후속 연구가 이루어질 필요가 있다. 또한 개별 방언에 따라서도 분석 결과에 차이를 보일 수 있을 것으로 예상되는데, 이러한 점은 앞으로의 논의에서 자료가 추가되고 좀 더 정밀한 검토가 이어짐으로써 보완되기를 기대해 본다.

2. 비유창성의 감소*

비유창성은 정상 언어발달 과정 중에 발견되는 자연스러운 현상의 하나이다. 대부분의 아동은 언어가 발달해가는 과정에서 단어 또는 음절을 반복하거나 불필요한 음절을 삽입하는 표현을 일반 성인에 비해 자주 보인다. Dejoy & Gregory(1985)에서는 언어 능력이 급속도로 발전하는 3~4세 시기의 아동의 경우에 제한된 언어 처리 능력으로 인해 비유창성이 특별히 증가한다고 보았다.

유창한 말의 흐름을 방해하는 비유창성은 나이가 들어감에 따라 점점 감소하는 것이 일반적이나, 이 가운데 일부는 병리적인 말더듬으로 발전하기도 한다. 병리적인 말더듬이 시작되는 시기에 대해서는 90%가 취학 전에 말더듬 특성을 보였다고 하는 보고(김승국 1980)와 95%가 3세에서 7세 사이에 시작되었다는 보고(Andrew et al. 1983), 55%가 5세 이전에, 93%가 10세 이전에 말더듬이 시작되었다는 보고(Riper 1982) 등이 있다. 그런데 병리적인 말더듬이 시작되는 이 시기는 곧 언어발달이 급속하게 이루어지는 때와 일치한다. 이러한 점에서 정상 아동에게서 보이는 비유창성 현상을 고찰하는 것이 언어발달 과정을 밝히는 데 도움이 될 뿐 아니라 병리적인 말더듬을 이해하는 기초가 될 수 있다.

정상 발달 과정에서 일어나는 비유창성에 관한 연구는 병리적인

---

* 이 절의 내용은 김태경·장경희(2008) "언어발달 과정에 나타난 비유창성 연구"(말소리 67집)의 내용을 바탕으로 한 것이다.

비유창성 연구에 비해 그 수가 많지 않다. 신명선·권도하(1997)에서는 2~6세의 정상 발달을 보이는 유아 50명을 대상으로 각 음소별로 비유창성이 발생한 빈도를 비교한 결과, 말더듬 발생이 특정 음소의 음운적 특성에 기인하기보다는 개인적 경험이나 환경에 의한 것일 가능성이 있다고 하였다. 말더듬 아동과 정상 발달 아동의 차이를 비유창성 유형의 발생 빈도로 접근한 연구로는 전희숙·권도하(1998)이 있다. 여기서는 말더듬 아동의 경우 부분 반복(part-word repetition), 전체 반복(whole-word repetition), 투쟁(struggle), 연장(prologations) 등의 유형이 많이 나타났고, 정상 아동의 경우 삽입(interjection), 수정(revision), 쉼(pause), 구 반복(phrase repetition), 미완성구(abandoned utterances) 등의 유형이 차지하는 비중이 더 높았다고 밝혔다. Logan & LaSalle(1999), 이수진·황민아(2001)에서는 발화의 통사적 특성이 비유창성 발생에 미치는 영향을 연구하였는데, 이에 따르면 말을 더듬는 사람(PWS: people who stutter)과 더듬지 않는 사람(PWNS: people who do not stutter) 모두 통사적으로 보다 복잡한 발화에서 비유창성 발생 비율이 더 높았다. 비유창성 발생 빈도가 발화 속도와 관련이 있을 가능성 또한 주로 임상 현장 연구를 통해 보고되고 있는데(Guitar 1998), 비유창성이 시간적 압박과 관련이 있기 때문이라는 것이 주된 이유로 제기되고 있다(Kent 1984). 그러므로 아동의 언어발달 과정에서 비유창성 양상을 관찰할 때에는 연령 요인 뿐 아니라 발화 길이나 속도 등의 요인들도 함께 고려해야 한다.

비유창성 행동을 관찰하기 위한 언어 자료 수집 방법으로는 모방, 모델링, 자발화 수집 등이 사용되고 있다. 모방이나 모델링은 외부적 변인들과 관찰하고자 하는 발화 길이나 통사적 복잡성을 조작 또는 통제할 수 있고 단시간에 다양한 언어구조를 이끌어낼 수 있다는 장점 때문에 기존 연구의 대부분이 이를 사용하였다.

그러나 모방이나 모델링에 의해 수집된 언어 표본이 아동의 전형적인 언어 수행을 대표하는가 하는 점이 의문으로 제기된다. 실제로 몇몇 선행 연구들에서는 인위적인 과제에 의한 언어 표본이 실제 일상생활 환경에서 사용하는 언어 수준을 반영하지 못하여 결과적으로 피험자의 비유창성을 인위적으로 감소시키거나 증가시킬 위험이 있음을 밝히고 있다.10 따라서 완전하게 비구조화된 상황에서 아동의 자연스런 발화를 이끌어내고 이를 분석하는 것이 필요하다.

여기서는 만 3~8세 아동의 일상대화 자료를 토대로 비유창성 발생에 연령별 차이가 있는가, 그리고 발화 속도 및 발화 길이가 비유창성에 어떤 영향을 미치는가를 알아볼 것이다. 비유창성 유형의 판단은 Ambrose & Yairi(1999)에서 제시된 비유창성 형태11의 분류를 근거로 하되 구 반복과 단어 반복을 구분하여 7가지 유형으로 나누었다. 연장(P)에는 Ambrose & Yairi(1999)에서 제시한 '단어 내의 음소나 음절을 길게 늘이는 것' 외에 다음 표에서 보인 예와 같이 단어 경계에서 발생한 장음화도 포함시켰다. 이 책에서 판단 기준으로 삼은 비유창성 유형과 예는 〈표 1.6〉에 제시되어 있다.

---

10 자발화와 모방 과제를 가지고 유창성을 비롯한 언어의 구성 요소 간의 교환 효과(trade-off effects)에 대해 조사한 연구 결과에서 자발화 과제보다 모방 과제에서 교환 현상이 더 잘 일어난다는 것이 밝혀졌다(Masterson & Kamhi 1992). 또한, 정상 아동들은 자연스러운 장면에서의 대화보다 구조화된 인터뷰나 일대일의 상호작용을 요하는 말하기 상황에서 더 많은 비유창성을 보인다(Silverman 1972).

11 Ambrose & Yairi(1999)의 분류 기준을 보면 말더듬성 비유창성 형태 (stuttering-like Disfluency)로 ① part-word repetition, ② single-syllable word repetition, ③ disrhythemic phonation: prolongation, blocks, broken words, 기타 비유창성 형태(other disfluency)에 ① interjection, ② revision/abandoned utterances, ③ multi-syllable word repetition을 포함하고 있다.

〈표 1.6〉 비유창성 유형과 예

유형	예
단어 일부 반복(PWR)	여= 여기 안 타.
단음절 단어 반복(SWR)	내가 지금, 내= 내 통장에, 칠만 원 있다.
연장(P)	속옷-인 거 같애, 나도.
수정(R)	어, 많= 근데 조금밖에 안 줘.
다음절 단어 반복(MWR)	하난= 하난 누구 줄 지 몰라.
구 반복(PR)	너 오늘= 너 오늘 학원 어디 어디 가?
삽입(I)	우리 집에 어~ 아빠가, 어~ 크면 어~ 어~ 디지몬 비디오 많이 사준 댔거든?

　　자발화를 대상으로 비유창성 여부를 판단하는 경우에는 특히 반복 또는 연장 현상이 화자의 의도에 의한 것일 수도 있으므로 주의가 필요하다.[12] 이 책에서는 다음을 근거로 하여 비유창성에 의한 연장(또는 반복)과 의도적인 연장(또는 반복)을 구분하였다. 우선, 비유창성에 의한 연장이나 반복은 일정한 리듬 패턴이 깨진다는 것이 운율상의 가장 큰 특징이다. 즉, 화자가 특별히 어떤 어휘를 강조하기 위해 사용하는 표현적 장음이나 의도적 반복의 경우에는 화자 고유의 리듬 현상이 유지된다. 반면, 비유창성에 해당하는 연장이나 반복에서는 갑작스런 말끊김 또는 비일관된 억양 곡선이 관찰된다.

　　또한, 비유창성에 속하는 장음은 주로 강세구(accentual phrase) 내부에 놓이고 음높이의 변화가 거의 없는 데 반하여, 표현적 장음은 주로 운율 단위의 경계에 놓이고 돋들림(pitch prominence)[13]

---

12 가령, 대화중에 어떤 화자는 '진짜'라는 어휘를 강조하려는 의도에서 '진짜'와 같이 첫 음절을 길게 발음할 수도 있고, '아니, 아니라니까' 등과 같이 흥분이나 화난 감정을 전달하기 위해 의도적으로 단어를 반복할 수 있다.

13 의미적으로 특정 부분을 강조하기 위해 두는 초점(focus)이 음성적 자질,

현상을 수반한다. 그리고 비유창성에 해당하는 반복 다음에는 구 반복의 경우를 제외하고는 억양구 경계가 놓이지 않으나, 의도적 반복의 경우에는 반복되는 표현 다음에 흔히 억양구 경계가 놓이고 억양구 경계억양 역시 굴곡 성조인 경우가 대부분이다(김태경·이필영 2007). 이와 같이 의도적인 연장이나 반복의 운율 특성을 보이는 경우는 비유창성 형태에서 제외하였다.

2.1 비유창성 발생 비율

비유창성 발생 비율을 알아보기 위해 분석 대상으로 삼은 음성 자료는 발화 속도 분석(1절)에 사용되었던 144명 아동의 발화 7,113개이다. 비유창성 발생 비율은 전체 발화 중 반복이나 삽입 등 〈표 1.6〉에서 제시된 비유창성 형태를 포함하는 발화의 비율로 계산하였다.[14]

분석 결과, 전체 발화(7,113)에서 비유창성 형태가 포함된 발화는 총 733발화로 10.3%의 비유창성 발생 비율을 보였고, 이 가운데 약 11%에 해당하는 83개 발화는 하나의 발화에서 둘 이상의 비유창성 유형이 중복되어 나타나는 복합 형태[15]로 나타났다.

피험자의 연령별에 따라 비유창성 형태가 1회 이상 포함된 발화가 차지하는 비율의 평균을 구한 결과는 〈표 1.7〉과 같다. 비

즉, 악센트(accent) 또는 피치(pitch)의 상승으로 나타나는 현상을 말한다(김 선희 2000).

14 비유창성 발생 비율을 구하는 데 있어 단어 수가 아닌 발화 수를 기준으로 삼은 이유는 정상 발달 아동의 발화에서 보이는 비유창성이 주로 단어와 단어 사이에 걸쳐서 나타나기 때문이다(Yairi & Ambrose(1992).

15 가령, "그~ 수= 경비 할아버지가."와 같이 하나의 발화에서 삽입과 수정이 함께 나타나는 경우, 전체 발화 대비 비유창성 발생 비율에서는 하나로 계산되었다.

유창성 발생 비율은 3세 집단의 경우 10.43%, 4세 집단은 8.37%, 5세 집단은 8.81%, 6세 집단은 10.39%, 7세 집단은 11.77%, 8세 집단은 10.74%로 나타났다. 즉, 연령에 따라 비유창성 발생이 증가하거나 감소한다는 경향은 찾기 어려웠다.

비유창성 발생 비율이 연령 집단에 따라 차이가 있는지를 알아보기 위하여 일원분산분석(ANOVA)을 실시한 결과, 통계적으로 유의한 차이가 나타나지 않았다(F =.679, p =.640). 즉, 유형에 상관없이 비유창성 발생 비율로만 보면 연령 집단 간 차이가 없다는 것을 알 수 있다.

이러한 결과는 선행 연구 결과(신명선·권도하, 1997)에서 비유창성 발생 빈도가 연령 증가에 따라 비교적 뚜렷한 감소를 보인 것과 대비되는데,[16] 그 차이는 빈도 산출 방법에 주로 기인하는 것으로 여겨진다.[17] 신명선·권도하(1997)에서는 발화한 단어 수를 기준으로 삼은 데 반하여, 이 책에서는 발화 수를 기준으로 비유창성의 발생 빈도를 산출하였다. 즉, 연령이 높아지면서 상대적으로 발화 길이가 길어져 한 발화를 이루는 단어 수가 많아지므로 단어 수 대비 비유창성 발생 비율이 감소하지만, 발화 수 대비 비유창성 비율에서는 큰 변화가 나타나지 않은 것으로 이해할 수 있다.[18]

---

16 신명선·권도하(1997)에서는 100개 단어를 기준으로 할 때 비유창성(말더듬) 발생 빈도가 2세는 11.46개, 3세는 9.83개, 4세는 7.8개, 5세는 7.14개, 6세는 5.93개였다고 보고되었다.

17 또 다른 이유로 자료 수집 방법에 영향을 받았을 가능성이 있다. 선행 연구에서는 일정한 자료를 제시하고 아동에게 말을 하도록 유도한 데 비하여 본 연구에서는 일상 대화에서 수집된 발화 샘플을 대상으로 하였는데, 이러한 자료 수집 맥락의 차이에 의해 상이한 결과가 나왔을 수 있다. 즉, 피험 아동의 연령이 낮을수록 낯선 조사자 앞에서 긴장하거나 머뭇거리는 태도를 취할 가능성이 높으며, 그러한 피험 아동의 심리상태가 발화 당시의 비유창성 발생과 관련되었을 것으로 추측해볼 수 있다.

18 발화길이(MLU)와 비유창성 발생과의 관계는 2.3에서 다룬다.

〈표 1.7〉 연령 집단별 비유창성 발생 비율

연령 구분	N	$\overline{x} \pm S.D.$	F(p)
3	24	10.43 ± .07	
4	24	08.37 ± .07	
5	24	08.81 ± .06	.679(.640)
6	24	10.39 ± .07	
7	24	11.77 ± .09	
8	24	10.74 ± .08	

2.2 비유창성 유형에 따른 발생 비율

비유창성의 유형별로 발생 빈도를 조사한 결과, 삽입(I)이 전체 발화 가운데 4.72%의 비율로 발생하였고, 다음으로 수정(R) 2.08%, 단어 일부 반복(PWR) 1.94%, 다음절 단어 반복(MWR) 1.21%, 단음절 단어 반복(SWR) 0.6%, 구 반복(PR) 0.58%, 연장(P) 0.44%의 순으로 나타났다. 비유창성 유형에 따른 발생 비율은 [그림 1.2]와 같다.

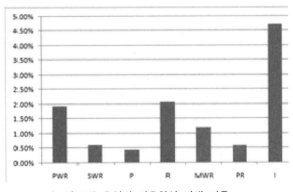

[그림 1.2] 유형별 비유창성 발생 비율

〈표 1.8〉 유형별 비유창성 발생 비율(전체 발화 수 대비)

연령	PWR	SWR	P	R	MWR	PR	I
3	2.81%	1.58%	0.18%	1.14%	2.19%	0.88%	2.89%
4	2.21%	0.57%	0.33%	1.64%	1.06%	0.57%	2.94%
5	1.70%	0.26%	0.34%	2.04%	1.11%	0.34%	4.34%
6	1.55%	0.33%	0.49%	2.29%	0.98%	0.41%	5.31%
7	2.41%	0.71%	0.45%	2.76%	1.43%	0.80%	6.42%
8	1.06%	0.24%	0.81%	2.61%	0.57%	0.49%	6.44%
전체	1.94%	0.60%	0.44%	2.08%	1.21%	0.58%	4.72%

유형별 비유창성 발생 빈도를 연령 집단에 따라 살펴본 결과는 〈표 1.8〉에 제시하였다. 〈표 1.8〉를 보면 단어 일부 반복(PWR)은 만 3세에서는 전체 발화 가운데 2.81%의 비율로 발생하지만, 만 8세에 이르면 1.06%로 줄어든 것을 확인할 수 있다. 단음절 단어 반복(SWR)의 경우 만 3세 집단에서는 1.58%의 비율로 발생하나 만 8세 집단에서는 0.24%의 비율로 발생하였고, 다음절 단어 반복(MWR)의 경우 2.19%에서 0.57%로 각각 줄어들었다. 반면, 삽입(I)은 만 3세 집단에서는 2.89%의 발생 비율을 보이나 만 8세 집단에서는 무려 6.44%의 발화에서 관찰되었으며, 수정(R)과 연장(P)도 각각 1.14%와 0.18%에서 2.08%와 0.81%로 늘었다. 구 반복(PR)의 경우는 연령별로 큰 차이를 찾아보기 어려웠다.

이와 같은 비유창성 유형의 연령별 차이가 통계적으로 유의한가를 카이제곱 테스트를 통하여 검증하였다. 그 결과, 연령 집단에 따라 발생하는 비유창성 유형에 매우 유의한 차이가 있는 것으로 나타났다(χ^2=85.656, df=30, p <.001). 다음에 제시한 〈표 1.9〉는 피험자 연령에 따른 비유창성 유형의 발생 빈도와 기대도수, 그리고 각 연령 집단 안에서 발생한 비유창성 가운데 각각의 유형이 차지하는 비율을 보인 것이다.

〈표 1.9〉 비유창성 유형별 발생 빈도와 피험자 연령의 분할표[19]

연령	PWR	SWR	P	R	MWR	PR	I	계
	32	18	2	13	25	10	33	133
3	(22)	(7)	(5)	(24)	(14)	(7)	(54)	(133)
	24%	14%	2%	10%	19%	8%	25%	100%
	27	7	4	20	13	7	36	114
4	(19)	(6)	(4)	(21)	(12)	(6)	(47)	(114)
	24%	6%	4%	18%	11%	6%	32%	100%
	20	3	4	24	13	4	51	119
5	(20)	(6)	(4)	(21)	(12)	(6)	(49)	(119)
	17%	3%	3%	20%	11%	3%	43%	100%
	19	4	6	28	12	5	65	139
6	(23)	(7)	(5)	(25)	(15)	(7)	(57)	(139)
	14%	3%	4%	20%	9%	4%	47%	100%
	27	8	5	31	16	9	72	168
7	(28)	(9)	(6)	(30)	(18)	(8)	(69)	(168)
	16%	5%	3%	18%	10%	5%	43%	100%
	13	3	10	32	7	6	79	150
8	(25)	(8)	(6)	(27)	(16)	(7)	(61)	(150)
	9%	2%	7%	21%	5%	4%	53%	100%

〈표 1.9〉에 보인 것과 같이 3세 집단과 4세 집단에서는 단어 일부 반복(PWR), 단음절 단어 반복(SWR), 다음절 단어 반복(MWR), 구 반복(PR)의 발생 빈도가 기대도수에 비해 높은 반면, 6세 집단과 8세 집단에서는 수정(R), 연장(P), 삽입(I)의 발생 빈도가 기대도수에 비해 높았다. 삽입(I)의 경우, 모든 연령에서 비유창성 유형 가운데 가장 높은 비율을 차지하고는 있지만, 연령 집단별로 비교해보면 높은 연령 집단에서 상대적으로 높은 비율

---

19 괄호 안의 수치는 기대도수를 나타냄.

을 차지하고 있음이 나타난다. 즉, 3세 집단에서는 기대도수가 54
인 데 반해 관측도수는 33으로 나타나 다른 연령대에 비해서는
훨씬 적었고 4세 집단에서도 이러한 경향이 이어진다. 그리고 7
세 집단에서는 관측도수(72)가 기대도수(69)보다 높게 나타났으며
8세 집단에서는 그 차이가 더 벌어져 기대도수(61)에 비해 관측
도수(79)가 훨씬 높은 것을 볼 수 있다.

즉, 연령이 높을수록 단어 일부 반복(PWR), 단음절 단어 반복
(SWR), 다음절 단어 반복(MWR)과 같이 말의 일부를 단순히 반
복하는 유형은 줄어드는 반면, 처음에 계획한 말의 오류를 탐지
하고 말의 일부를 수정하면서 반복하는 수정(R)이나 다음 말의
시작을 지연시킴으로써 말에 대한 준비 시간을 버는 연장(P), 삽
입(I) 등의 비율은 높아지는 경향이 있음을 알 수 있다.

이상의 결과로 볼 때, 연령의 증가에 따라 비유창성 발화의 발생
빈도에는 눈에 띄는 변화가 없지만, 자주 나타나는 비유창성의 유
형이 바뀌어 간다는 것을 알 수 있다. 위 결과에서 3~4세 연령 집
단에서 더 자주 나타난 비유창성 유형들은 일반적으로 말더듬성
비유창성(SLD: Stuttering-like disfluencies) 형태로 분류되는 것들이
고, 6~8세 연령 집단에서 더 자주 나타난 비유창성 유형들은 연장
(P)를 제외하면 일반적인 비유창성(OD: Other Disfluency) 형태로
분류되는 것들이다.[20] 즉, 연령이 증가하면서 말더듬성 비유창성
형태(SLD)가 차지하는 비중은 줄어들고, 그 밖의 비유창성 형태
(OD)가 차지하는 비중이 커졌다.

특히, 연령의 증가와 함께 가장 뚜렷한 증가를 나타낸 연장(P)

---

20 Ryan(1974)에서는 비유창성을 9개 범주로 나누고, 일반적인 비유창성에는
삽입, 수정, 미완성구, 구의 반복, 쉼의 5가지 형태가 있고, 말더듬성 비유
창성에는 단어 부분 반복, 단어 전체 반복, 연장, 투쟁의 4가지 형태가 있
다고 보았다. 그리고 Yairi & Ambrose(1992)에서는 단어 내 비유창성을 말
더듬으로, 단어 간 비유창성을 일반적 비유창성으로 분류한 바 있다.

은 일반적으로 말더듬성 비유창성(SLD)으로 분류되는 형태인데, 본 연구에서 관찰된 연장(P)의 양상은 기존의 말더듬 연구에서 보고된 예들과는 차이를 보인다. 말더듬 연구에서 주로 보고된 연장(P)의 유형은 '어-ㅁ마', '여-건(이건)'과 같이 형태소 내부에서 발생한 데 비해, 본 연구 자료에서 관찰된 연장의 유형은 '엄마-가', '이거-는', '잡아-ㅆ으니까', '만들-어도'와 같이 형태소 경계에서 주로 발생하였다. 이것은 정상 발달 아동의 발화에서 보이는 비유창성이 단어 내부가 아니라 주로 단어와 단어 사이에 걸쳐서 나타난다는 Yairi & Ambrose(1992)의 주장을 지지하는 결과로 보인다. 또한, 조음 기관의 발달이 완성된 이후인 6~8세에도 연장(P)이 꾸준히 발생하며 오히려 이전 연령대에 비해 더 자주 일어나는 것은 연장(P)이 음성 산출의 최종 단계에서의 문제가 아니라 음성 계획 단계에서의 문제와 관련되어 있음을 보여준다고 하겠다.[21]

2.3 발화 길이 및 발화 속도와 비유창성의 상관관계

비유창성과 발화 길이[22] 및 발화 속도의 관계를 알아보기에 앞서 피험자 개인과 각 연령 집단별 발화 속도 및 발화 길이의 평균을 구하였다. 발화 속도 및 발화 길이의 연령별 평균 및 표준편차를 참고로 제시하면 〈표 1.10〉과 같다.

---

21 Levelt(1983, 1989), Postma et al.(1990), Smith & Kelly(1997) 등의 내적수정가설(Covert Repair Hypothesis)에 따르면 비유창성은 내적 수정 과정의 부산물로 간주된다. 이 책에서 제시한 결과에서 아동의 조음 능력이 보다 발달한 연령 단계에서 이전 단계에 비해 연장(P) 발생 빈도가 오히려 증가한 사실도 이러한 가설을 뒷받침하는 것으로 보인다.

22 평균 발화 길이(MLU: Mean Length of Utterance)는 화자별로 발화한 어절 수의 총합을 전체 발화 수로 나누어 평균을 구하는 방식으로 이루어졌다. 어절의 구분은 문장 성분의 최소 단위 구분인 띄어쓰기 단위를 기준으로 하였다.

〈표 1.10〉 연령별 발화 길이와 발화 속도[23]

연령	발화길이 평균(표준편차)	발화속도 평균(표준편차)
3	2.11 (0.57)	3.96 (0.43)
4	2.33 (0.49)	4.19 (0.29)
5	3.44 (1.18)	4.54 (0.45)
6	2.53 (0.53)	4.80 (0.41)
7	3.03 (0.70)	5.08 (0.51)
8	3.25 (0.78)	5.10 (0.73)
전체	2.78 (0.89)	4.61 (0.65)

이어서, 각 피험자의 평균 발화 길이(MLU), 평균 발화 속도(초당 음절 수)와 비유창성 발생과의 상관 분석을 시행하였다. 그 결과, MLU와 비유창성 발생 사이에서 정적 상관(r = .371, p <.001)이 나타났다(표 1.11 참조).

〈표 1.11〉 발화 속도, MLU, 비유창성 발생 비율 간의 상관 분석 결과

	속도	MLU	비유창성
속도	1		
MLU	.356***	1	
비유창성	.004	.281***	1

*** p <0.001

Logan & Conture(1995)에서는 3~5세 말더듬 아동 집단의 자발화에서 비유창성이 발생한 발화가 유창한 발화보다 길이가 유의미하게 길었다고 보고된 바 있다.[24] 이 책에서 논의한 분석 결과

---

23 발화 속도는 초당 음절 수(sps)로 계산되었다. 발화 속도의 변화 양상에 대해서는 앞 절(1.1)에서 자세히 다루었다.

는 말더듬 화자뿐 아니라 정상 화자군에서도 발화 길이가 비유창성 발생 비율과 상관관계가 있음을 말해준다.

위의 상관 분석을 통해 유의미한 상관관계가 인정된 평균 발화 길이(MLU)와 비유창성 발생 비율에 대해 발화 길이 변인이 어느 정도의 설명력을 갖는지를 알아보기 위해 회귀분석을 시행하였다. 비유창성 발생 비율을 종속 변수로 하고 발화 길이(MLU)를 독립 변수로 한 회귀분석의 결과는 〈표 1.12〉에 제시하였다.

〈표 1.12〉 비유창성 발생 비율에 대한 회귀분석 결과

변인	β	t	R^2	$\overline{R^2}$	F
MLU	.023	3.485***	.079	.072	12.149***

*** $p < .001$

〈표 1.12〉에 보인 것과 같이 회귀분석 결과, 비유창성 발생 비율의 설명 요인으로 발화길이(MLU)를 설정할 수 있었다($t = 3.485$, $p < .001$). $\hat{\beta}$의 추정값은 0.023으로 나왔으며, 이러한 변인의 설명 변량은 8%였다. 이러한 결과를 통하여 화자의 평균 발화 길이가 길수록 문장의 복잡성이 증가하여 비유창성이 발생할 가능성이 높아진다는 것을 알 수 있다.[25]

---

24 발화 길이 및 통사적 복잡성과 비유창성의 관계를 고찰한 선행 연구는 비유창성에서 통사적 복잡성이 길이에 비해 더 주요한 변인이라고 보고한 연구(Ratner & Sih 1987, Logan & LaSalle 1999 등)와 길이가 더 중요한 요소라고 보고한 연구(Logan & Conture, 1995, Yaruss 1999, Yaruss & Newman 1999 등)로 나뉜다.

25 발화 길이를 측정하는 데 있어서 발화된 문장의 음절 수를 기준으로 할 경우에 자발화를 대상으로 하는 연구에서는 비유창성에 해당하는 단어 부분 반복이나 삽입어의 사용이 비목표음절 수를 증가시켜 결과적으로 발화 길이를 길어지게 할 수 있다. 이와 같이 비목표 음절 수를 포함하여 측정된 발화 길이가 문장의 복잡성과 관련된다고 볼 수 없다는 점을 감안하여 이 책에서는 문장에 포함된 어절의 수를 발화 길이의 척도로 삼았다.

2.4 요약

이 절에서는 만 3~8세의 정상 발달 아동을 대상으로 일상적인 대화 상황에서 수집된 자발화의 비유창성 발생 비율을 조사하고, 비유창성 유형의 연령별 변화, 그리고 발화 속도 및 발화 길이와 비유창성 발생과의 상관관계를 살펴보았다. 비유창성은 전체적인 발생 비율로 보면 연령 집단 간에 유의미한 차이가 드러나지 않았다. 그러나 비유창성 형태에서는 차이를 보였는데, 연령이 낮은 집단에서는 말의 일부를 단순히 반복하는 유형의 발생 빈도가 높은데 반하여, 연령이 높아질수록 삽입(I)이나 연장(P), 또는 앞말을 수정(R)하는 형태의 비유창성 발생 확률이 높았다. 비유창성 발생 비율과 발화 속도 및 MLU에 대한 상관분석 결과, MLU와 비유창성 발화의 발생 비율 간에 정적 상관관계가 있다는 것이 밝혀졌다. 이러한 결과들을 통하여 다음과 같은 결론을 내릴 수 있다.

첫째, 만 3~8세의 정상 발달 아동들의 발화에서 비유창성 발화가 차지하는 비율은 10% 내외이다.

둘째, 만 3~8세 아동들에게서 비유창한 발화의 비율은 연령에 따른 언어발달의 척도가 되지 못하며, 오히려 비유창성의 형태가 어떤 유형에 속하고 각 유형이 어떤 비율로 나타나는지를 관찰하는 것이 도움이 될 수 있다.

셋째, 비유창성 발생은 화자의 평균 발화 속도에 영향을 받지 않는다.

넷째, 비유창성 발생은 화자의 MLU(평균발화길이)에 영향을 받는다. 따라서 비유창성 발생 비율을 예측하거나 정상 범위를 정하는 경우 화자의 MLU 변인을 고려해야 한다.

정상 화자라도 어느 정도 비유창성이 발생하기 때문에 단순히 그 형태만을 가지고 일반적인 비유창성과 말더듬을 구별하는 것은 쉽지 않다. 몇몇 선행 연구들에서는 비유창성의 형태를 말더듬 판별의 기준으로 간주하기도 하였다. 그러나 정상 발달 아동의 경우에도 만 3~4세 시기에는 이러한 비유창성 형태가 흔히 발생하므로 비유창성 형태뿐 아니라 그 발생 위치와 발생 빈도도 늘 함께 고려되어야 한다. 특히, 형태소 경계에서 발생된 연장(P)의 빈도는 피험 아동의 연령이 높아지면서 오히려 증가하였다. 즉, 조음기관이 미숙한 어린 연령대의 아동보다도 조음기관의 발달이 완성되고 발화의 구성이 복잡해지는 7~8세에서 연장(P)이 더 자주 발견되는 것이다. 이러한 점에서 일부 비유창성 형태가 증가하는 현상은 정상 발달 과정의 한 측면으로 이해될 가능성이 있다.

비유창성에 대한 연구는 아동의 언어발달 과정을 이해하고 언어발달 지표 및 언어 장애의 진단·평가 기준을 마련하는 데에 기초 자료를 제공한다는 점에서 의의가 있다. 이러한 연구를 통해 관찰된 양상이 몇 세까지 지속되는가, 다른 언어 능력의 발달과 비유창성 발생의 관계는 어떠한가, 말더듬 아동의 비유창성 발생과 어떤 공통점 또는 차이점이 있는가를 살펴보는 것이 추후 연구 과제가 될 것이다.

참고문헌

강승혜(2005). "한국어 고급 말하기 평가 도구 개발 기초 연구: 고급
　　말하기 토론 활동을 중심으로," 외국어로서의 한국어교육 30, 연
　　세대학교 한국어학당.

김선희(2000). "의미의 강조에 의한 운율특징: 음향음성학적 관점에 의
　　한 분석," 말소리 40, pp. 51-64.

김승국(1980). "말더듬에 관한 연구," 단국대학교 논문집 14, pp. 157-173.

김영아(1996). "한국어 세계화의 제문제: 한국어에 대한 고찰, 외국어로
　　서의 한국어 평가," 이중언어학 13, 이중언어학회.

김지연(2001). 3-5세 정상 아동의 말속도 발달 연구, 이화여대 석사학위
　　논문.

김태경 · 김정선 · 최용석(2005). "구어 주석 코퍼스 구축을 위한 발화
　　단위 연구," 한국언어문화 28, pp. 5-25.

김태경 · 이필영(2007). "유창성 요인으로 본 말하기 능력," 한국언어문
　　화 34집, pp. 25-44.

김태경 · 장경희 · 이필영(2006). "한국어 발화 속도의 연령별 증가에 관
　　한 연구," 음성과학 13-4, pp. 83-96.

박경자(1997). 언어습득연구방법론, 고려대학교 출판부.

신명선 · 권도하(1997). "정상 유아의 비유창성 발생에 관한 연구," 언어
　　치료연구 6-1, pp. 31-60.

신지연(1998). 국어 지시 용언 연구, 태학사.

심현섭 · 김수진 · 이희란 · 김정미(1999). "학령 전기 아동의 말속도 모방
　　능력에 관한 연구," 음성과학 5-1, 한국음성과학회. pp. 141-149.

안종복 · 신명선 · 권도하(2002). "정상 성인 및 아동의 구어 속도에 관
　　한 연구," 음성과학 9-4, 한국음성과학회, pp. 93-103.

유필재(1994). 발화의 음운론적 분석에 대한 연구, 서울대 석사학위논문.

이수진 · 황민아(2001). "발화길이와 유창성 간의 교환효과," 음성과학

8-4, 한국음성과학회, pp. 157-168.

이숙향·고현주(2004). "발화속도와 한국어 분절음의 음향학적 특성," 한국음향학회지 23-2, 한국음향학회, pp. 162-172.

이희자(2002). "의사소통의 최소 단위로서의 발화문과 문장," 텍스트언 어학 13, 한국텍스트언어학회.

전영옥(2003). "한국어 억양 단위 연구," 담화와 인지 10-1, 담화인지언 어학회, pp. 241-265.

전희숙·권도하(1998). "말더듬 아동과 유창한 아동의 구문 특성 비교," 언어치료연구 7-1, 한국언어치료학회, pp. 129-147.

Ambrose, N. & Yairi, E.(1999). "Normative disfluency data for early children stuttering," *Journal of Speech, Language, and Hearing Research,* 42, pp. 895-909.

Amster, B. J. & Starkweather, C. W.(1987). "Articulatory stuttering and speech motor control," In H. F. M. Oeters & W. Hulstijn(eds.) *Speech Motor Dynamics in Stuttering.* New York: Springer-Verlag. pp. 317-328.

Andrew, G. et al.(1983). "Stuttering: A review of research findings and theories circa 1982," *Journal of Speech Hearing Research* 48, pp. 226-246.

Costello, J. M.(1983). "Current behavioral treatments for children," In D. Pins & R. J. Ingham(eds.) *Treatment of Stuttering in Early Childhood.* San Diego: College-Hill Press. pp. 69-112.

Dejoy, D. A. & Gregory, H. H.(1985) "The relationship of between age and frequency of disfluency in preschool children," *Journal of Fluency Disorders,* 10, pp. 107-122.

Guitar, B.(1998). *Stuttering: An Integrated Approach to Its Nature and Treatment* (2nd ed.), New York: Harper & Row.

Hutt, D.(1985). The relative speech rates of mothers and their children. M.A. thesis, Temple University.

Kent, R. D.(1984). "Stuttering as a temporal programming disorder," In R. F. Culree, W. H. Perkins(eds.), *Nature and Treatment of Stuttering: New Directions,* San Diego: College-Hill Press.

Leeper, H. A. & Woodard, R. E.(1978). "Temporal characteristics of topic and picture-elicited speech of children," *Perceptual and Motor Skills* 47. pp. 496-498.

Levelt, W. J. M.(1983) "Monitoring and self-repair in speech," *Cognition,* Vol. 14, pp. 41-104.

Levelt, W. J. M.(1989). *Speaking: From intention to articulation,* Cambridge, MA: MIT Press.

Logan, K. J. & Conture, E. G.(1995). "Length, grammatical complexity and rate differences in stuttered and fluent conversational utterances of children who stutter," *Fluency Disorder,* Vol. 20, pp. 35-61.

Logan, K. J. & LaSalle, L. R.(1999). "Grammatical characteristics of children's conversational utterances that contain disfluency clusters," *Journal of Speech, Language, and Hearing Research,* Vol. 42, No. 1, pp. 80-91.

Lutz, K. C. & Mallard, A. R.(1986). "Disfluencies and rate of speech in young adult nonstutterers," *Journal of Fluency Disorders,* 11, pp. 307-316.

Malecot, A., Johnston, R. & Kizziar, P. A.(1972). "Syllabic rate and utterance length in French," *Phonetics,* 26, pp. 235-251.

Masterson, J. J. & Kamhi, A. G.(1992). "Linguistic trade-offs in school-age children with and without language disorders," *Journal of Speech, Language, and Hearing Research,* 35, pp. 1064-1075.

Meyers, S. C. & Freeman, F. J.(1985). "Mother and child speech rate as a variable in stuttering and disfluency," *Journal of Speech and Hearing Research,* 28, pp. 436-444.

Olsen, W. C. & Koetzle, V. S.(1936). "Amount and rate of talking of young children," *Journal of Experimental Education,* 5, pp. 175-179.

Pindzola, R. H., Jenkins, M. & Lokken, K.(1989). "Speaking rates of young children," *Language, Speech, and Hearing Services in Schools,* 20, pp. 133-138.

Postma, A., Kolk, H. & Povel D. J.(1990). "On the relation among speech errors, disfluencies, and self-repairs," *Language and Speech* 33, pp. 19-29.

Ratner, N. B. & Sih, C. C.(1987). "Effect of gradual increases in sentence length and complexity on children's disfluency," *Speech and Hearing Disorders,* 52, pp. 278-287.

Ryan, B.(1974). *Programmed therapy for stuttering in children and adults,* Springfield: Illinois.

Silverman, E. M.(1972). "Situational variability of Preschoolers disfluency: A preliminary study," *Percept Motor Skills,* 33, pp. 1021-1022.

Sim, H. S. & Zebrowski, P.(1994). "The ability of young children to imitate different rate: A preliminary investigation," In C. W. Starkweather & Peters, H. F. M.(eds.), *Stuttering: proceedings of the First World Congress Fluency Disorders,* pp. 206-209.

Smith, A. & Kelly, E.(1997). "Stuttering: A dynamic, multifactorial model," In R. F. Curlee, G. M. Siegel(Eds.), *The nature and treatment of stuttering: New directions*(2nd ed.), Needham Heighs, MA: Allyn and Bacon.

Van Riper(1982). *The Nature of Stuttering,* Englewood Cliffs NJ: Prentice Hall.

Venkatagiri, H. S.(1999). "Clinical measurement of rate of reading and discourse in young adults," *Journal of Fluency Disorders,* 24, pp. 209-226.

Walker, J. R., Archibald, L. M., Cherniak, S. R. & Valerie, G. F.(1992). "Articulation rate in 3- and 5-year-old children," *Journal of Speech and Hearing Research,* 35, pp. 4-13.

Walker, V. G. (1988). "Durational characteristics of young adults during speaking and reading tasks," *Folia Phoniatrica,* 40, pp. 12-20.

Yairi, E., & Ambrose, N. (1992). "A longitudinal study of stuttering in children: Selected factors," *Journal of Speech and Hearing Research* 35, pp. 782-788.

Yaruss, J. S. (1997). "Utterance timing and childhood stuttering," *Journal of Fluency Disorders,* 22, pp. 263-286.

Yaruss, J. S. (1999). "Utterance length, syntactic complexity and childhood stuttering," *Journal of Speech Hearing Research* 42, pp. 329-344.

Yaruss, J. S., Newman, R. M. & Flora, T. (1999). "Language and disfluency in nonstuttering children's conversational speech," *Fluency Disorder* 24, pp. 185-207.

어휘 발달

1. 사용 어휘 목록
2. 어휘 다양도

구어 능력 발달 연구

어휘 발달

아이들은 대개 생후 10개월에서 15개월 사이에 첫 단어를 말한다
(Benedict 1979, Fenson et al 1994, Huttenlocher & Smiley 1987).
대부분의 아이들은 첫 단어를 사용하기 시작한 후에 수개월 동안
은 어휘 습득이 천천히 이루어지지만, 50개 정도의 단어를 알게
되면서부터는 점차 빠른 속도로 어휘를 습득해 나간다. 이전에는
새로운 단어를 한 달에 8개 내지 11개 정도 알게 되었던 것이 이
시기에는 한 달에 22~37개의 단어를 알게 되는 정도로 단어를
배우는 속도가 급격히 증가하게 된다(Benedict 1979, Goldfield &
Reznick 1990). 이렇게 단어가 급격히 증가하는 현상을 단어 급등
(word spurt) 또는 단어 폭발(word explosion, naming explosion)
이라고 하는데, 대부분의 아이들에게 단어 폭발은 산출 가능한 단
어 50개를 습득한 시기 또는 생후 18개월경에 일어난다(Benedict
1979, Nelson 1973). 유아 말기에 이르면 약 3,000여 개의 어휘를
습득하게 된다(이현진 외, 2003: 174-179).

학령 전 아동, 즉 유아 단계는 이처럼 어휘 습득이 급속히 이루어
지며, 학령 후에도 어휘 발달은 꾸준히 지속된다. Hawkins(1987:
65-70)는 모국어 화자의 경우에도 성인이 되었다고 해서 그 모국어
가 완벽하게 완성되는 것은 아니며, 어떤 차원에서 모국어가 완전히
완성되는 상황은 존재하지 않는다고 하였다. 이러한 Hawkins(1987)
의 관점이나 최근 언어 능력 발달 관련 연구들(임유종·이필영
2004, 김태경 외 2006)에 의하면, 언어 능력의 여러 측면에서 초등

학교 이후나 성인기에도 발달을 지속하고 있는 것을 확인할 수 있다. 따라서 각 연령 단계의 어휘 발달 특성을 정확히 알고 자신의 어휘 능력을 정기적으로 진단하여 균형 있는 어휘 발달을 꾀하는 것은 언어생활을 하는 데 있어서 매우 중요한 일이다.

김광해(1993: 305-314)는 어휘력을 '어휘를 이해하거나 구사하는 일에 관한 언어 사용자의 능력'으로 정의하고, 이를 질적 능력과 양적 능력으로 나누어 제시하였다. 질적 능력은 단어 및 그것과 관련된 단어에 대해 어느 정도로 깊이 알고 있는가를 나타내는 '이해의 깊이(depth of understanding)'를 가리키며, 양적 능력은 의미에 관련된 중요한 양상의 일부라도 알고 있는 단어의 수를 나타내는 '지식의 폭(breadth of knowledge)'을 가리킨다. 이러한 어휘력을 정확히 진단하고 측정하기 위해서는 바람직한 검사 도구의 개발이 필요하다. 그러나 검사 도구 개발에 앞서, 표준화된 문항을 설정하고 검사 결과를 해석하는 데 객관적인 척도를 제공하는 어휘 발달 지표가 먼저 마련되어야 한다.

구어에 나타나는 어휘는 어휘 발달 지표나 어휘 교육에서 핵심이 되는 대상임에도 불구하고 아직 연구나 조사가 활발히 이루어지지 못하였다. 이는 구어 말뭉치 구축이 자료 수집과 가공에 많은 인력과 비용, 시간이 필요하기 때문인 것으로 생각된다. 그러나 우리의 일상 언어생활은 구어를 중심으로 이루어지고 있으며, 구어 활동은 학업이나 업무 수행과 직결되는 매우 중요한 언어활동이다. 특히 어휘 발달 연구나 교육용 어휘 선정을 위해서는 무엇보다도 피교육자가 사용하는 구어에 대한 어휘 조사가 선행되어야 한다. 그리고 언어 발달의 각 영역이 초등학교 입학 전에 이미 상당 수준 그 기초가 형성되는 것으로 밝혀진 까닭에, 초등학생 이상 연령을 대상으로 한 연구에는 큰 관심을 보이지 않아 왔다(강충열 1999). 그러나 학령 후에도 어휘 발달은 꾸준히 진행될 뿐만 아니라 학업이나 사회생활을 하는 데에도 지대한 영향을 미치게 된다.

따라서 이 책에서는 초·중·고등학생을 대상으로 구어에 나타난 어휘를 살펴보기로 한다. 초·중·고등학생들의 구어에 나타난 구체적인 어휘 목록의 특징을 기술한 후, 어휘 다양도를 측정하여 어휘 발달 측면에서의 어휘 변화 양상을 고찰하기로 한다.

1. 사용 어휘 목록*

최근 언어 능력 발달과 관련된 연구들에 의하면 초등학교 이후나 성인기에도 언어 발달이 지속되고 있다는 것을 알 수 있다.6 우리들 대부분이 학업이나 업무 수행과 직결되는 언어 능력에 대한 진단과 교육의 필요성을 체험하는 것도 같은 맥락에서 이해될 수 있을 것이다.

국내에서 이루어지는 국어 교육이나, 외국인을 대상으로 하는

---

* 이 절의 내용은 이필영·김정선(2008) "초등학생의 구어에 나타난 어휘 빈도와 분포도 조사"(국어교육학연구 33집), 최용석·전은진(2009) "중·고등학생의 어휘 사용에 관한 연구"(국어교육연구 45집)의 논문 내용을 바탕으로 한 것이다.

6 김태경 외(2006)에서는 연령 및 성별 변인과 MLU의 상관관계를 고찰하였는데, MLU의 연령별 증가는 10~12세, 17~18세 사이를 제외한 모든 연령 집단을 통해 관찰되었다. 따라서 전반적으로 연령이 높아짐에 따라 MLU가 증가되었다고 볼 수 있다. 성별에 따른 MLU를 동일 연령 집단 안에서 살펴보면, 17세를 제외한 모든 연령 집단에서 여자가 남자에 비해 MLU가 길게 나타났다. 임유종·이필영(2004)에서는 한국 초·중·고등학생의 발화에 나타난 연결 표현 발달 단계를 연구하였는데, 연령이 높아질수록 접속부사, 연결어미 등의 연결 표현의 형태 수가 증가하는 것을 확인할 수 있었다. 사용 빈도에서는 접속부사의 경우 어미나 구절 형태의 연결 표현과는 달리 연령이 증가할수록 점차 감소하는 추세를 나타내고 있었는데, 이는 연령이 증가할수록 접속부사를 이용하여 문장을 연결하는 것보다는 어미나 관용적인 연결 표현을 이용하여 문장을 연결시키는 경우가 늘고 있기 때문이다.

한국어 교육을 막론하고 피교육자의 수준에 따라 등급별로 어휘
를 제공하고 있는 것이 현실이다.7 또한 교육 자료, 교과서, 평가
도구 개발 등을 위한 수준을 정하는 데 도움을 줄 수 있는 가장
객관적인 자료를 찾는다면 그것은 현재로서는 등급별 어휘 목록
밖에 없다. 이러한 점만 보더라도 등급화된 어휘 목록의 필요성
은 쉽게 확인된다.

따라서 이 책에서는 청소년의 어휘 사용 실태를 바탕으로 품사
유형별 어휘소의 분포와 출현 빈도를 고찰한 다음, 사용 화자 수
를 기준으로 고빈도 어휘 목록에 나타난 특징적인 점을 살펴보기
로 한다. 조사 대상 어휘는 초등학생과 중·고등학생의 자연스러
운 또래 대화를 녹음·전사하여 추출한 것이다.8 초등학생은 학

---

7 현재 국어 어휘에 대한 조사 연구는 대부분 학교 교육과 외국인 대상 한국어
교육에서 교육용 어휘를 선정하기 위해 이루어지고 있다(국립국어원 2002, 임
지룡 1991, 김광해 2003). 국립국어원(2002)은 한국어 학습용 어휘를 선정하
기 위한 사전 작업으로 현대 국어 사용 빈도를 조사하였다. 이 조사에서는
1990년대 이후의 교과서, 문학, 잡지, 신문 등을 대상으로 하여 가나다순 목
록별 빈도와 빈도순 목록을 단어, 조사, 어미의 범주로 나누어 제시하고 있
다. 임지룡(1991)에서는 객관적 방법에 의해 선정된 고빈도어와 주관적 방법
에 의한 의미 분야를 절충하여 내용어 1,500개의 기초 어휘를 선정하였다.
특히, 어휘 목록을 가나다순이나 빈도순이 아닌 의미 분야를 기준으로 제시
한 점은 시소러스의 배치 방식이나 머릿속 사전의 구조를 상정할 경우에 적
용될 수 있는 것으로 어휘 연구에 시사하는 바가 크다(김광해 2003). 김광해
(2003)에서는 이미 이루어진 선행 연구에서 제출된 어휘 목록을 하나의 DB
에 넣은 뒤 그 목록에 대한 선행 연구들의 지지도를 비교하는 방법을 통해
어휘의 등급을 정하는 메타 계량 방법을 이용하였다. 그 결과 총 237,990어
휘를 교육적 중요도에 따라 7등급으로 구분한 목록을 얻었다.

　이상의 연구들은 대부분 문어를 대상으로 하여 어휘 목록을 선정하고 있
다. 국립국어원(2002)은 방송 대본을 비롯한 구어를 포함한다고 하였지만 전
체 대상 어절 가운데 3.2%만을 차지하고 있어 구어의 특성이 반영되었다고
보기에는 무리가 있다. 교육을 목표로 하고 있는 어휘 선정은 문어만이 아니
라 실제 발화된 구어도 대상에 포함하여야 한다. 그러나 지금까지 구어에 나
타난 어휘는 자료 수집의 어려움, 구어 연구의 부족 등으로 인해 어휘 선정
시 구어의 필요성이 인정됨에도 불구하고 실제 목록에는 포함되지 못하는
경우가 많았다.

년별로 40명씩 총 240명, 중·고등학생은 학년별 32명씩 총 192명을 대상으로 삼았으며, 두 집단 모두 남녀 비율을 동일하게 하였다.[9]

1.1 초등학생의 구어에 나타난 어휘 목록과 빈도

1.1.1 초등학생의 어휘소 분포와 단어 형태 출현 빈도

가. 품사 유형별 어휘소 분포

초등학생의 일상 대화에 나타난 어휘소는 체언, 용언, 수식언 관계언의 품사 유형에 따라 다음과 같은 분포를 보인다.

〈표 2.1〉 어휘소 분포(초등학생)

품사 유형	어휘소 수 (백분율)
체언	3,764 (66.86%)
용언	1,286 (22.84%)
수식언	496 (8.81%)
관계언	84 (1.49%)
총합계	5,630 (100.00%)

---

8 학교의 빈 공간에서 동일 학년, 동일 성별의 아동 2명씩 짝을 지어 주제의 제한을 두지 않고 40분 동안 자유롭게 대화하도록 하고 이를 녹음하여 수집하였다.

9 표본 연구에서 표본의 수가 많을수록 결과의 신뢰도는 높아진다. 그러한 현실적인 면을 고려해 볼 때 한정된 표본이라도 균형성과 대표성을 갖추어 수집한다면 이 또한 의미 있는 일이라 생각된다.

위 표를 보면, 초등학생의 일상 대화에서 분석된 어휘소의 수는 총 5,630개였으며, 품사 유형별로는 체언이 3,764개로 66.86%를 차지하며 가장 높은 비율을 보인다. 그 다음으로는 용언이 1,286개(22.84%), 수식언 496개(8.81%), 관계언 84개(1.49%)의 순으로 나타난다.

나. 품사 유형별 단어 형태 출현 빈도

학생들이 사용하는 단어들 가운데에는 대화에 빈번히 출현하는 단어 형태도 있고 매우 드물게 사용되는 형태도 있다. 따라서 초등학생들의 어휘 사용상의 특징을 개관해 보기 위해 단어 형태들의 출현 빈도를 품사 유형별로 산출해 보기로 한다.

〈표 2.2〉 단어 형태 출현 빈도(초등학생)

품사 유형	출현 빈도 (백분율)
체언	28,535 (38.42%)
용언	20,751 (27.94%)
수식언	12,596 (16.96%)
관계언	12,388 (16.68%)
총합계	74,270 (100.00%)

초등학생의 자료에 나타나는 단어 형태의 출현 빈도는 총 74,270번으로 조사되었다. 품사 유형별로는 '체언 〉 용언 〉 수식언 〉 관계언'의 순으로 출현 빈도가 높았다. 체언은 총 28,535번 출현하여 38.42%를 차지하였고, 그 다음으로 용언은 20,751번으로 27.94%를 차지하였다. 수식언과 관계언은 비슷한 출현 빈도를 보였는데, 각각 12,596번, 12,388번 출현하여 16.96%, 16.68%의 비율을 보였다.

다. 어휘소의 분포와 단어 형태 출현 빈도의 관계

초등학생의 일상 대화에서 추출한 어휘를 품사 유형별로 어휘소 수와 출현 빈도를 비교해 보기로 한다. 앞서 분석한 결과를 그래프로 보이면 다음과 같다.

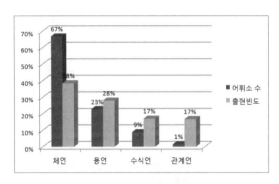

[그림 2.1] 어휘소 수와 단어 형태 출현 빈도(초등학생)

[그림 2.1]에 제시된 바와 같이, 어휘소의 품사 유형 분포와 출현 빈도를 대비해 보면, 체언은 어휘소 수는 67%였으나 출현 빈도에서는 38%를 보여 큰 차이가 있고, 용언은 어휘소 수는 23%이지만 출현 빈도에서는 28%를 보여 체언과는 다른 양상을 보인다. 수식언과 관계언은 어휘소 수에서는 각각 9%와 1%를 나타냈지만, 출현 빈도에서는 두 유형 모두 17%를 보여 제한된 어휘소가 활발히 사용되고 있다고 보겠다.

어휘소의 품사 유형 분포와 단어 형태 출현 빈도 사이의 대비 관계가 드러나도록 그림으로 나타내 보면 [그림 2.2]와 [그림 2.3]과 같다.

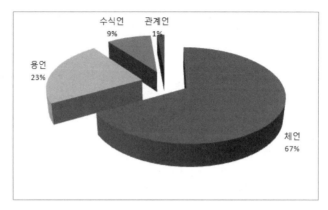

[그림 2.2] 어휘소 분포(초등학생)

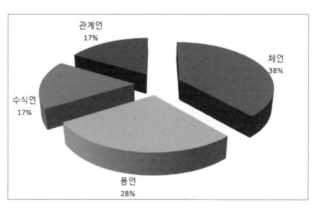

[그림 2.3] 단어 형태 출현 빈도(초등학생)

어휘소의 품사 유형 분포는 [그림 2.2]에 보인 바와 같이 체언이
67%로 23%인 용언, 9%인 수식언, 1%인 관계언에 비해 월등히
높은 분포를 보이지만, 단어 형태 출현 빈도는 다른 양상으로 나
타난다. [그림 2.3]에서 볼 수 있듯이 체언과 용언이 38%, 28%로
차이가 크지 않았으며, 10% 미만의 어휘소 수 분포를 보이던 수

식언과 관계언도 17%로 체언, 용언과 차이가 크지 않은 편이다.

　다음에서는 체언, 용언, 수식언, 관계언 각각을 대상으로 하여 어휘소 분포와 단어 형태 출현 빈도를 살펴보기로 한다. 또한 구체적인 사용 어휘를 관찰할 수 있도록, 고빈도 어휘소들의 목록을 50개까지 제시하여 보기로 한다.[10] 이때의 빈도 순위는 전체 대상자 가운데 해당 단어를 사용한 화자가 몇 명인지를 기준으로 하는 사용 화자 수를 중심으로 한 순위이고, 출현 빈도를 함께 제시한다.[11]

1.1.2 초등학생의 체언 사용 특징

가. 체언의 어휘소 분포

　체언의 하위 범주인 명사, 대명사, 수사로 어휘소를 구분하고, 명사는 다시 일반명사, 고유명사, 의존명사로 세분하여 그 분포를 분석하였다. 체언 어휘소들은 다음과 같은 품사 분포를 보인다.

---

10 어휘는 화자의 사용 수준에 따라 세 가지로 나누어 볼 수 있다. 우선, 화자가 음운, 문법, 의미 정보 등을 충분히 지녀 일상적으로 용이하게 사용할 수 있는 수준의 어휘가 있고, 다음으로는 친숙할 정도는 아니어서 일상적으로는 잘 사용하지 않는 수준의 어휘가 있으며, 마지막으로 문법적 쓰임이나 의미를 전혀 알지 못하는 수준의 어휘가 있다(임칠성 1993: 66). 이 가운데 기본 어휘는 화자가 어휘의 소리, 문법적 쓰임, 의미 등을 잘 알아 일상적으로 쉽게 사용할 수 있는 수준의 어휘라고 볼 수 있다.

11 사용 화자 수가 많다는 것은 그 단어를 기본적으로 많이 사용한다고 볼 수 있으며, 이는 그 연령대에서 보다 빈번히 사용하는 기본 어휘로 파악해 볼 수도 있다.

〈표 2.3〉 체언의 어휘소 분포(초등학생)

품사 유형	품사		어휘소 수 (백분율)
체언	명사	일반명사	2,322 (61.69%)
		고유명사	1,207 (32.07%)
		의존명사	110 (2.92%)
	대명사		86 (2.28%)
	수사		39 (1.04%)
합계			3,764 (100.00%)

총 3,764개의 체언 가운데 일반 명사가 2,322개(61.69%)로 가장 큰 분포를 보이고, 그 다음 고유명사가 1,207개(32.07%), 의존명사가 110개(2.92%)로 나타나고 있어 명사가 체언의 97% 가까이를 차지하고 있다. 그 다음으로 대명사는 86개(2.28%), 수사는 39개(1.04%) 출현하였다.

나. 체언의 단어 형태 출현 빈도

체언의 형태 출현 빈도를 산출해 보면 다음과 같다.

〈표 2.4〉 체언의 단어 형태 출현 빈도(초등학생)

품사 유형	품사		출현 빈도 (백분율)
체언	명사	일반명사	13,169 (46.15%)
		고유명사	2,821 (9.89%)
		의존명사	3,386 (11.87%)
	대명사		7,965 (27.91%)
	수사		1,194 (4.18%)
합계			28,535 (100.00%)

〈표 2.4〉에 제시된 바와 같이, 체언 형태의 출현 빈도는 일반명
사가 13,169번으로 46.15%의 높은 빈도를 보이고, 고유명사는
2,821번으로 9.89%, 의존명사는 3,386번으로 11.87%의 빈도를 보
인다. 체언 중 명사가 총 67.90%를 차지하고 있다. 다음으로 대
명사가 7,965번으로 27.91%를, 수사가 1,194번으로 4.18%의 출현
빈도를 보인다.

체언의 어휘소 분포와 출현 빈도를 대비해 보면, 일반명사는
어휘소 분포와 출현 빈도에서 모두 높은 순위를 보인다. 대명사
는 어휘소 수는 2.28%로 낮지만, 출현 빈도는 27.91%로 높아, 발
화에서 대명사 사용이 빈번함을 알 수 있다. 이와는 달리 고유명
사는 어휘소 분포는 32.07%를 점유하고 있는데도, 출현 빈도는
9.89%로 나타나고 있어 그 쓰임이 활발하지 않다.

다. 고빈도 체언 목록

구체적인 체언 목록을 살펴보기 위해, 사용 화자 수를 기준으
로 어휘를 50개까지 일반명사, 고유명사, 의존명사로 구분하여 정
리하면 다음과 같다.

〈표 2.5〉 사용 화자 수에 따른 고빈도 명사 목록(초등학생)

순위	일반명사			고유명사			의존명사		
	형태	화자수	빈도	형태	화자수	빈도	형태	화자수	빈도
1	때01	151	426	야인시대	15	19	거01	229	1,472
2	애02	130	310	미국03	12	18	수02	85	141
3	그때	93	160	중국01	12	17	번04	83	139
4	엄마	92	232	크레이지아케이드	12	13	것01	67	120
5	선생님	91	288	김재원	10	16	개10	64	124
6	말01	89	144	장나라	8	13	줄04	64	90

순	일반명사			고유명사			의존명사		
위	형태	화자수	빈도	형태	화자수	빈도	형태	화자수	빈도
7	다음01	88	190	크레이지	8	12	중04	54	96
8	집01	88	168	버디02	8	11	시10	51	100
9	사람	82	162	한국05	7	22	명03	49	85
10	얘기	76	156	일본02	7	12	원01	44	146
11	아빠	68	138	김두한	7	9	분08	37	76
12	반11	64	143	투니버스	7	9	데01	35	43
13	학교	59	106	워크래프트	7	7	꺼(거01)	34	46
14	학년	55	167	노바02	6	17	적03	32	65
15	게임	52	96	넷마블	6	15	살04	26	42
16	친구02	51	96	태국	6	15	점10	22	52
17	여자02	51	85	드래곤볼	6	9	일07	21	38
18	돈01	48	97	디아02	6	9	때문	18	21
19	남자02	44	72	이탈리아	6	7	시간04	17	31
20	처음	44	69	해리포터	5	19	년02	16	20
21	시간04	44	64	포켓몬	5	16	터02	16	17
22	컴퓨터	43	66	테트리스	5	14	놈01	13	17
23	학원02	42	89	서울01	5	13	땜03	12	12
24	동생01	42	84	디아블로	5	11	교시03	11	24
25	진짜	42	53	금달02	5	9	마리01	11	19
26	옛날	41	78	신화07	5	9	지02	10	11
27	원래01	41	59	안정환	5	9	척01	10	11
28	전08	39	52	장보고	5	9	대11	9	12
29	영어02	36	54	크아	5	9	장22	8	23
30	책01	36	53	스타크래프트	5	7	대15	8	18
31	옆	35	47	월드컵	5	7	권01	8	16
32	이름	33	48	개그콘서트	5	6	등04	7	22
33	언니	32	110	빼빼로	5	6	달05	7	9
34	공부01	32	60	영국01	4	21	쪽05	7	9
35	수학05	31	76	상희02	4	18	탄06	6	14
36	오늘	31	59	강진07	4	10	초07	6	11
37	한번	30	37	바람06	4	9	편09	6	10
38	일01	29	47	손오공	4	9	가지04	6	7

순위	일반명사			고유명사			의존명사		
	형태	화자수	빈도	형태	화자수	빈도	형태	화자수	빈도
39	머리01	29	46	설기현	4	7	방11	6	7
40	소리01	29	35	세종대왕	4	7	세13	6	7
41	그림01	28	46	저그	4	7	통12	4	9
42	요즘	28	45	철권03	4	7	키로	4	7
43	지금03	28	37	체르니	4	7	대01	4	5
44	물01	27	50	거상10	4	6	대로01	4	4
45	뒤01	27	42	유민05	4	6	월02	4	4
46	생각01	27	33	비36	4	5	만01	3	4
47	정도11	27	33	이천수	4	5	주(줄04)	3	4
48	노래01	26	39	짱나라	4	5	편04	3	4
49	오빠	25	60	김06	4	4	회08	3	4
50	귀신01	25	45	라이벌02	4	4	개월	3	3

〈표 2.5〉를 보면, 명사 가운데에는 '때01, 애02, 그때, 엄마, 선생님, 말01, 다음01, 집01, 사람, 얘기, 아빠, 반11, 학교, 학년, 게임, 친구02, 여자02, 돈01'의 순으로 사용 화자 수가 많다. 50위까지의 일반명사가 지닌 특징은 '때, 그때, 다음, 처음, 옛날, 오늘'과 같은 시간 표현과, '애, 엄마, 선생님, 아빠, 친구, 동생, 오빠'와 같은 인간 관련 어휘가 많다는 점이다.

고유명사에 나타난 특징을 살펴보면, 일반명사에 비해 사용 화자 수가 그리 많지 않고, 목록에서는 '야인시대, 투니버스, 개그콘서트' 등의 TV 프로그램명이나 '김재원, 장나라, 이천수, 안정환' 등의 연예인, 축구 선수 등의 이름이 50위 안에 들고 있다. 또한 '크레이드아케이드, 버디, 넷마블, 테트리스, 워크래프트, 디아, 금달'과 같이 온라인 게임에 대한 고유명사가 다수 출현하고 있고, '미국, 중국, 이탈리아, 한국, 일본' 등 국가명이 많이 사용되고 있다.

의존명사는 '것'의 구어형인 '거01'의 화자 수 분포가 넓고, 그 다음으로 '수02, 번04, 것01, 개10, 줄04, 중04, 시10, 명03, 원01, 분08, 데01, 꺼(거01), 적03'의 순이다.

다음은 대명사, 수사 목록의 화자 수와 출현 빈도 목록이다.

〈표 2.6〉 사용 화자 수에 따른 고빈도 대명사 · 수사 목록(초등학생)

순위	대명사			수사		
	형태	화자 수	빈도	형태	화자 수	빈도
1	나03	236	1,679	십	81	225
2	뭐	212	855	하나	59	88
3	너01	210	912	이09	58	126
4	그거	180	615	삼06	56	98
5	내04	174	546	오04	50	100
6	우리03	166	609	일05	35	61
7	니05	128	445	사11	33	50
8	걔	123	368	구01	32	72
9	이거01	123	326	백05	30	66
10	거기01	103	222	둘01	27	34
11	여기01	99	211	열03	23	36
12	어디01	83	129	팔03	22	28
13	누구	81	142	육02	21	29
14	모(뭐)	47	118	천03	20	28
15	누02	44	65	칠01	18	31
16	저기01	39	48	몇	18	25
17	얘03	35	62	만06	11	14
18	거01	32	58	다섯	8	8
19	자기04	32	54	여섯	6	8
20	저거01	30	52	셋	6	7
21	이번01	27	36	억04	6	7
22	그01	24	31	투02	4	6
23	머(뭐)	20	30	둘째	3	9
24	그것	20	22	공11	3	5
25	저번02	19	26	서른	3	4

순위	대명사			수사		
	형태	화자 수	빈도	형태	화자 수	빈도
26	쟤	17	25	원20	2	4
27	얼마	14	17	첫째	2	4
28	지05	14	16	쓰리05	2	3
29	언제01	13	15	여덟	2	2
30	저03	11	17	육십	2	2
31	요번	10	16	파이브	2	2
32	이것	9	10	포20	2	2
33	지(자기04)	8	15	네02	1	2
34	아무01	8	10	텐03	1	2
35	요거01	7	11	한01	1	2
36	요기01	7	9	넷01	1	1
37	웬일	5	16	두(둘01)	1	1
38	이쪽02	5	7	사십	1	1
39	쩌거(저거01)	4	8	일곱	1	1
40	아무것	4	6			
41	이05	4	6			
42	무엇	4	5			
43	저희01	4	5			
44	거	4	4			
45	거02	4	4			
46	너희	3	14			
47	저쪽	3	4			
48	그기(거기01)	3	3			
49	그쪽	3	3			
50	아무거(아무것)	3	3			

대명사에서는 '나03, 뭐, 너01, 그거, 내04, 우리03, 니05, 걔, 이거01, 거기01, 여기01, 어디01, 누구'의 순으로 사용 화자 수가 많다. 인칭 대명사로는 '나, 너, 내, 우리, 니, 걔, 누구, 저희, 너희' 등이 고빈도로 쓰이고 있고, 특히 '너, 우리'에 비해 '나, 내'의 사

용 화자 수 분포가 넓고, 출현 빈도도 월등히 높다. 사물 대명사
는 '그거, 이거, 그것, 이것, 요것' 등이 출현하였는데, 구어 형태
가 높은 빈도를 보였다. 또한 장소나 방향을 지시하는 '거기, 여
기, 어디, 그기, 그쪽' 등도 고빈도로 사용되고 있다. 마지막으로
시간이나 순서를 나타내는 대명사 '이번, 언제, 요번' 등도 50위
안에 보인다.

  수사에서는, '하나, 둘01, 다섯, 여섯, 셋, 서른' 등의 기수사와
'십, 이09, 삼06, 오04, 일05, 사11, 구01, 백05' 등의 한자어식 수
사가 활발히 사용되고 있다. 그리고 서수사로는 '둘째, 첫째'가 목
록에 포함되었다. 특징적인 것은 '투02, 쓰리05, 파이브, 포20, 텐
03'의 영어식 표현도 출현하고 있다는 점이다.

1.1.3 초등학생의 용언 사용 특징

가. 용언의 어휘소 분포

  용언은 동사, 형용사, 보조용언, 지정사로 구분하여 살펴보았다.
용언에 속하는 어휘소들의 품사 분포는 다음과 같다.

〈표 2.7〉 용언의 어휘소 분포(초등학생)

품사 유형	품사	어휘소 수 (백분율)
용언	동사	982 (76.36%)
	형용사	263 (20.45%)
	보조용언	38 (2.95%)
	지정사	3 (0.24%)
합계		1,286 (100.00%)

초등학생의 자료에서 나타난 용언 어휘소는 총 1,286개이고, 이 가운데 동사가 982개로 76.36%를 차지하고 있다. 그 다음은 형용사가 263개로 20.45%의 비율을 보이고, 보조용언은 38개로 2.95%를 차지하고 있다. 지정사는 3개가 관찰된다.[12]

나. 용언의 단어 형태 출현 빈도

용언에 속하는 동사와 형용사, 보조용언, 지정사들은 구체적인 사용 맥락에서 여러 단어 형태로 실현되는데, 이들의 출현 빈도를 기본 형태를 기준으로 제시해 보기로 한다.

〈표 2.8〉 용언의 단어 형태 출현 빈도(초등학생)

품사 유형	품사	출현 빈도 (백분율)
용언	동사	12,193 (58.76%)
	형용사	4,846 (23.35%)
	보조용언	2,626 (12.65%)
	지정사	1,086 (5.23%)
합계		20,751 (100.00%)

〈표 2.8〉을 보면, 동사가 12,193번으로 58.76%를 차지하며 가장 높은 출현 빈도를 보이고 있고, 그 다음으로 형용사가 4,846번으로 23.35%, 보조용언이 2,626번으로 12.65%의 비율로 출현하고 있다. 지정사는 긍정지정사가 834번(4.02%)으로 부정지정사 252번(1.21%)에 비해 출현 빈도가 높다.

어휘소 분포와 단어 형태 출현 빈도를 대비해 보면, 동사는 어

---

12 구어 표현은 다양한 이형태가 나타나는데, 지정사에서도 부정지정사에서 이형태가 출현하였다.

휘소와 출현 빈도 모두 가장 높은 분포를 보이고, 보조용언은 어휘소 수는 38개(2.95%)로 그 수는 적지만, 출현 빈도는 2,626번(12.65%)으로 높다.

다. 고빈도 용언 목록

용언을 동사, 형용사, 보조용언으로 구분하여 사용 화자 수가 높은 순서로 50개까지의 목록을 제시하면 다음과 같다.

〈표 2.9〉 사용 화자 수에 따른 고빈도 용언 목록(초등학생)

순위	동사			형용사			보조용언		
	형태	화자수	빈도	형태	화자수	빈도	형태	화자수	빈도
1	하다01	236	1,773	있다01	222	1,220	보다01	176	457
2	되다01	198	652	없다01	162	380	있다01	152	329
3	가다01	172	616	좋다01	142	377	주다01	133	301
4	알다	172	402	그렇다	126	406	가지다	111	407
5	보다01	159	416	같다	122	263	하다01	93	166
6	그러다	144	399	재밌다	95	198	않다	82	133
7	모르다	137	272	싫다01	75	145	지다04	81	132
8	오다01	118	234	무섭다	60	130	말다03	75	113
9	맞다01	114	254	많다	51	83	싶다	72	128
10	말하다	103	191	크다01	47	74	가다01	48	69
11	나오다	92	171	이상하다	45	71	놓다01	44	63
12	좋아하다	88	206	못하다	41	55	갖다01	43	113
13	먹다02	88	164	아프다	38	56	오다01	39	58
14	주다01	75	141	재미있다	31	58	버리다01	34	50
15	얘기하다	67	116	재미없다	29	39	달다05	14	21
16	나다01	66	97	이렇다	29	38	나다01	9	13
17	잘하다	65	99	어렵다	27	44	마(말03)다	9	9
18	죽다01	59	100	괜찮다	27	36	먹다02	8	11
19	놀다01	57	120	어떻다	26	46	못하다	6	6

순위	동사			형용사			보조용언		
	형태	화자 수	빈도	형태	화자 수	빈도	형태	화자 수	빈도
20	이러다	57	88	똑같다	25	42	내다02	5	8
21	사다	52	129	맛있다	22	30	가주(가지)다	5	6
22	나가다	49	67	낫다02	22	26	나가다	4	5
23	다니다	46	78	심심하다	20	28	뻔01하03다	4	5
24	갖다01	43	61	힘들다	19	25	죽다01	3	3
25	만들다	42	77	착하다	17	27	계시다	2	2
26	받다01	42	57	친하다	16	34	두다01	2	2
27	듣다01	39	52	춥다	16	28	드리01	2	2
28	웃기다	38	65	이쁘다	16	21	들다01	2	2
29	짜증나다	38	63	불쌍하다	16	19	만하다	2	2
30	살다01	38	60	나쁘다01	15	23	부(보01)다	2	2
31	말다03	38	48	어리다03	15	18	나(놓01)다	1	1
32	쓰다03	37	50	귀엽다	14	27	내다	1	1
33	내다02	36	74	멋있다	14	22	대(되01)다	1	1
34	들어가다01	34	67	당연하다	14	18	바(보01)다	1	1
35	잡다01	33	54	예쁘다	14	16	뿌(버리01)다	1	1
36	자다01	33	45	쎄(세03)다	13	20	아지(가지)다	1	1
37	생기다	33	44	다르다01	13	16	척01하03다	1	1
38	가지다	32	66	높다	13	14	치다14	1	1
39	때리다01	32	50	작다01	12	17			
40	치다02	32	47	쉽다	12	14			
41	그리다02	30	85	신기하다	12	14			
42	타다02	29	60	ㅣ쓰다	12	13			
43	만지다	29	36	늦다	10	12			
44	들다01	28	41	비싸다	10	12			
45	생각하다	28	40	빠르다	9	13			
46	어떡하다	28	36	미안하다	9	11			
47	쓰다01	27	52	짝(작01)다	9	11			
48	키우다	27	50	약하다01	8	11			
49	이기다01	27	45	길다02	8	10			
50	걸리다01	27	40	파랗다	8	8			

동사를 사용 화자 수에 따라 정리하면, '하다01, 되다01, 가다01, 알다, 보다01, 그러다, 모르다, 오다01, 맞다01, 말하다'의 순으로 높게 나타난다. 이 가운데 '하다01'는 사용 화자 수와 출현 빈도에서 다른 동사들과 큰 차이가 있다. 50위 안에 드는 동사 중에는 '가다01, 오다01, 나오다, 먹다01, 주다01, 받다01, 듣다01'와 같이 기본 행위와 관련된 것들이 많고, '알다, 모르다'의 인지 동사도 비교적 높은 순위로 출현하고 있다. '좋아하다, 짜증나다' 등의 감정 표현 동사도 50위 안에 들고 있다.[13]

형용사는 '있다01, 없다01, 좋다01, 그렇다, 같다, 재밌다, 싫다01, 무섭다, 많다, 크다01'의 순으로 사용 화자가 많은 것을 볼 수 있다. '있다01, 없다01'의 존재 표현이 가장 높은 빈도를 보이고, '좋다, 재밌다, 맛있다, 낫다02, 착하다, 귀엽다, 멋있다' 등의 긍정 표현과 '싫다01, 무섭다, 못하다, 재미없다, 불쌍하다, 나쁘다01' 등의 부정 표현도 50위 안에 출현하고 있다. '많다, 크다01, 높다, 길다02, 비싸다, 빠르다' 등의 정도를 나타내는 형용사도 여러 형태를 볼 수 있는데, 색상과 관련된 형용사는 50위 안에 '파랗다'가 유일하다.

보조용언은 '보다01, 있다01, 주다01, 가지다, 하다01, 않다, 지다04, 말다03'의 순으로 높은 사용 화자 수 빈도를 보인다. 이 가운데 시도의 의미를 지닌 '보다01'가 가장 활발히 사용되고 있다.

1.1.4 초등학생의 수식언 사용 특징

가. 수식언의 어휘소 분포

수식언은 관형사와 부사로 구분하고, 부사는 일반부사와 접속부

---

13 초등학생 자료에서는 '싫어하다'가 50위 안에 들지 않았다.

사로 나누어 조사하였다. 초등학생 수식언의 어휘소 분포와 비율
은 다음과 같다.

〈표 2.10〉 수식언의 어휘소 분포(초등학생)

품사 유형	품사		어휘소 수 (백분율)
수식언	관형사		88 (17.74%)
	부사	일반부사	370 (74.60%)
		접속부사	38 (7.66%)
합계			496 (100.00%)

수식언의 어휘소 수는 총 496개이고, 이 가운데 일반부사가 370개
74.6%로 가장 높은 비율을 보이고 있다. 다음으로 관형사가 88개
로 17.74%를 차지하고, 접속부사는 38개로 7.66%의 비율로 분포
하고 있다.

나. 수식언의 단어 형태 출현 빈도

수식언에 속하는 관형사, 일반부사, 접속부사의 단어 형태 출현
빈도를 산출해 보면, 그 결과는 다음과 같다.

〈표 2.11〉 수식언의 단어 형태 출현 빈도(초등학생)

품사 유형	품사		출현 빈도 (백분율)
수식언	관형사		3,216 (25.53%)
	부사	일반부사	7,192 (57.10%)
		접속부사	2,188 (17.37%)
합계			12,596 (100.00%)

〈표 2.11〉에 보인 바와 같이, 수식언의 출현 빈도 순위는 '일반부

사, 관형사, 접속부사'의 순이지만 비율에서는 앞서 살펴본 어휘소 수 분포와는 다른 양상을 보인다. 일반부사는 총 7,182번으로 57.1%를 차지하고 있어 어휘소 수 비율에서 보인 74.6%에 비해 감소하였다. 대신에 관형사는 3,216번으로 25.53%, 접속부사는 2,188번으로 17.37%를 차지하여 어휘소 수에서 보인 비율보다 증가하였다.

다. 고빈도 수식언 목록

수식언을 사용 화자 수가 높은 순으로 일반부사, 접속부사, 관형사별로 50순위까지의 형태를 보이면 다음과 같다.

〈표 2.12〉 사용 화자 수에 따른 고빈도 수식언 목록(초등학생)

순위	부사						관형사		
	일반부사			접속부사					
	형태	화자 수	빈도	형태	화자 수	빈도	형태	화자 수	빈도
1	안02	217	763	근데01	194	986	그01	187	811
2	왜02	159	334	그럼01	99	178	한01	137	287
3	다03	148	319	그래서	94	219	몇	94	185
4	막02	137	597	그리고	88	163	무슨	94	150
5	진짜	129	346	또	68	118	두01	81	120
6	이렇게	121	376	그러면	62	114	그런01	79	152
7	그냥	109	221	그런데	52	81	어떤	73	137
8	어떻게	94	153	그러니까	44	66	내13	73	124
9	또	90	140	그라구(그리고)	33	46	일05	51	90
10	많이	90	131	그래도	33	37	십	47	69
11	좀02	87	159	그니까(그러니까)	29	41	이런01	46	67
12	못04	87	147	금(그럼01)	14	17	이05	46	62
13	너무01	86	155	왜냐면	12	16	이09	44	64
14	잘02	86	136	근까(그러니까)	11	11	세01	40	56

순위	부사						관형사		
	일반부사			접속부사					
	형태	화자 수	빈도	형태	화자 수	빈도	형태	화자 수	빈도
15	더01	79	115	그러면서	9	10	삼06	38	59
16	딱03	75	194	그면(그러면)	8	10	사11	38	58
17	지금03	62	105	그래두(그래도)	7	13	다른	37	55
18	제일04	60	134	왜냐하면	5	6	오04	31	51
19	이제01	60	127	그러믄(그러면)	4	6	네02	30	39
20	갑자기	55	82	그까(그러니까)	4	4	저04	27	32
21	되게	53	85	그러다가	3	10	백05	26	51
22	빨리	51	81	그믄(그러면)	3	4	어느01	25	37
23	맨날(만날)	49	72	그르니까(그러니까)	3	3	만06	23	56
24	그렇게	48	73	아무튼	3	3	따른(다른)	23	27
25	계속04	47	82	어쩌면	3	3	천03	22	35
26	같이	44	73	하지만	2	3	육02	22	31
27	먼저	44	56	그러고(그리고)	2	2	다섯	22	30
28	다시01	41	67	그른데(그런데)	2	2	맨01	21	28
29	별로01	39	57	그면(그러면)	1	2	열03	17	21
30	쫌(좀02)	39	56	그나저나	1	1	팔03	15	21
31	오늘	37	44	그라구(그리고)	1	1	딴03	14	16
32	딱02	36	105	그러니	1	1	여덟	13	14
33	언제01	34	44	그치만(그렇지만)	1	1	여섯	12	19
34	거의01	31	39	근다(근데01)	1	1	칠01	12	13
35	어제01	30	54	글고(그리고)	1	1	아무01	11	13
36	아까	30	34	긍까(그러니까)	1	1	일곱	11	12
37	아주01	29	48	어쩜	1	1	구01	10	15
38	아직01	29	39				아홉	7	10
39	엄청	26	50				여러	6	8
40	젤	23	34				뭔	6	7
41	정말01	22	32				요03	6	7
42	인제01	21	26				멫(몇)	4	5
43	이케	20	30				어쩐(어떤)	3	5
44	요즘	19	31				그딴	3	4

순위	부사						관형사		
	일반부사			접속부사					
	형태	화자 수	빈도	형태	화자 수	빈도	형태	화자 수	빈도
45	쪼금	19	21				전07	3	4
46	하여튼	17	23				모든	2	3
47	짱02	17	22				새06	2	3
48	얼마나	16	22				어떤(어떤)	2	3
49	디게(되게)	15	27				저런01	2	3
50	벌써	14	18				둘01	2	2

일반부사는 '안02, 왜02, 다03, 막02, 진짜, 이렇게, 그냥, 어떻게, 또, 많이'의 순으로 사용 화자 수가 많다. 일반부사 고빈도 목록에는 '다03, 너무, 많이, 좀02, 더01, 거의01, 아주01, 쪼금, 얼마나, 디게' 등의 정도부사와 '이제, 인제01, 계속04, 어제01, 아까, 요즘' 등의 시간 부사가 다수 포함되어 있다. 부사 가운데 구어형인 '막, 되게, 젤, 이케, 짱' 등도 50위 안에 들었다.

접속부사는 '근데01, 그럼01, 그래서, 그리고, 또, 그러면, 그런데, 그러니까, 그리구(그리고), 그래도, 그니까(그러니까)'의 순으로 사용 화자 수가 많다. 접속부사 가운데에는 '근데, 그럼' 등의 담화 표지로 사용되는 형태가 높은 빈도로 출현하고 있다. 접속부사 목록에는 '근데, 그리구, 그니까, 왜냐면, 그리구, 그치만, 어쩜' 등과 같이 구어에서 주로 쓰이는 축약형들이 고빈도 순위에 많이 포함되어 있다.

다음으로 관형사는 '그01, 한01, 몇, 무슨, 두01, 그런01, 어떤, 내13, 일05, 십, 이런01, 이05' 등의 순으로 사용화자 수가 많다. 관형사 목록에는 '한01, 두01, 일05, 십, 이09, 세01, 삼06, 사11, 오04, 백05, 천03, 육02, 다섯, 열03, 팔03, 여덟, 여섯, 칠01, 일곱, 구01, 아홉, 둘01' 등의 수 관형사가 다수 관찰되며 이들이

높은 빈도를 차지하고 있고, 지시관형사 '그01, 그런01, 저04, 요
03, 저런01, 이런01, 이05, 그딴' 등과 의문관형사 '몇, 무슨, 어
떤, 어느01, 아무01, 뭔, 멫(몇), 어쩔(어떤), 어뜬(어떤)' 등이 고
빈도 목록에 들고 있다.

1.1.5 초등학생의 관계언 사용 특징

가. 관계언의 어휘소 분포

관계언은 크게 격조사, 보조사, 접속조사로 구분하고, 격조사는
다시 주격조사, 보격조사, 관형격조사, 목적격조사, 부사격조사, 호
격조사, 인용격조사로 세분하여 분석하였다. 관계언의 어휘소 분
포를 제시하면 다음과 같다.

〈표 2.13〉 관계언의 어휘소 분포(초등학생)

품사 유형	품사		어휘소 수 (백분율)
관계언	격조사	주격조사	3 (3.57%)
		보격조사	1 (1.19%)
		관형격조사	2 (2.38%)
		목적격조사	2 (2.38%)
		부사격조사	29 (34.52%)
		호격조사	1 (1.19%)
		인용격조사	5 (5.95%)
	보조사		35 (41.67%)
	접속조사		6 (7.14%)
합계			84 (100.00%)

관계언의 어휘소는 총 84개이며, 격조사가 43개로 51.18%, 보조
사가 35개로 41.67%의 분포를 보인다. 접속조사는 6개의 어휘소
가 관찰되었다. 격조사 가운데에는 부사격조사가 29개(34.52%)로
관계언 중 가장 높은 분포를 보인다.

나. 관계언의 단어 형태 출현 빈도

관계언의 출현 빈도를 격조사, 보조사, 접속조사로 구분하여 살
펴보면 다음과 같다.

⟨표 2.14⟩ 관계언의 단어 형태 출현 빈도(초등학생)

품사 유형	품사		출현 빈도 (백분율)
관계언	격조사	주격조사	3,411 (27.53%)
		보격조사	39 (0.31%)
		관형격조사	61 (0.49%)
		목적격조사	930 (7.51%)
		부사격조사	3,022 (24.39%)
		호격조사	76 (0.61%)
		인용격조사	251 (2.03%)
	보조사		4,265 (34.43%)
	접속조사		333 (2.69%)
합계			12,388 (100.00%)

⟨표 2.14⟩를 보면, 관계언의 총 출현 빈도는 12,388번으로, 이 중
보조사가 4,265번 출현하여 34.43%로 가장 높은 비율을 보인다. 그
다음 순위는 주격조사로 3,411번으로 27.53%의 비율을 차지하고,
다음이 부사격 조사로 3,022번으로 24.39%의 비율을 보인다. 그 밖
의 격조사와 접속조사는 10% 미만의 출현 빈도를 보이고 있다.
 관계언의 어휘소 분포와 단어 형태 출현 빈도를 대비해 보면,

어휘소 분포에서 높은 비율을 보인 보조사와 부사격조사가 출현 빈도도 높다. 다만, 주격조사와 목적격조사는 어휘소가 각각 세 개와 두 개이지만 출현 빈도는 27.53%, 7.51%를 보여, 어휘소 분포와 출현 빈도와의 대응에서 큰 차이를 보인다.

다. 고빈도 관계언 목록

관계언 목록을 사용 화자 수가 높은 순으로 제시하면 다음과 같다.

〈표 2.15〉 사용 화자 수에 따른 고빈도 관계언 목록(초등학생)

순위	격조사 품사	형태	화자수	빈도	순위	보조사·접속조사 품사	형태	화자수	빈도
1	주격조사	가11	239	3395	1	보조사	는01	234	1860
2	주격조사	서17	5	5	2	보조사	ㄴ02	216	678
3	주격조사	께서	2	11	3	보조사	도15	215	816
1	보격조사	가11	27	39	4	보조사	만14	121	225
1	관형격조사	의10	43	59	5	보조사	두10	86	171
2	관형격조사	에(의10)	2	2	6	보조사	까지03	81	127
1	목적격조사	를	184	806	7	보조사	밖에	59	93
2	목적격조사	ㄹ02	88	124	8	보조사	나10	54	73
1	부사격조사	에04	229	1290	9	보조사	부터	44	61
2	부사격조사	에서02	172	430	10	보조사	요17	30	55
3	부사격조사	로07	159	386	11	보조사	마다04	16	24
4	부사격조사	랑05	114	232	12	보조사	다06	13	16
5	부사격조사	한테	102	203	13	보조사	다가02	9	11
6	부사격조사	서16	66	123	14	보조사	가11	8	8
7	부사격조사	보다04	55	75	15	보조사	라도01	8	8
8	부사격조사	하고05	46	86	16	보조사	야11	6	6
9	부사격조사	처럼	33	41	17	보조사	만큼	3	5

순위	격조사				순위	보조사·접속조사			
	품사	형태	화자수	빈도		품사	형태	화자수	빈도
10	부사격조사	에다05	21	25	18	보조사	유20	2	4
11	부사격조사	루(로07)	20	23	19	보조사	따가(다가02)	2	3
12	부사격조사	ㄹ로(로07)	14	18	20	보조사	따라	2	2
13	부사격조사	에다가	13	14	21	보조사	란04	2	2
14	부사격조사	하구(하고05)	11	19	22	보조사	뿐02	2	2
15	부사격조사	대로10	9	11	23	보조사	여(요17)	2	2
16	부사격조사	에게	7	7	24	보조사	라두(라도01)	1	2
17	부사격조사	같이	6	7	25	보조사	고(도15)	1	1
18	부사격조사	보고01	6	6	26	보조사	근(는01)	1	1
19	부사격조사	과12	5	6	27	보조사	는	1	1
20	부사격조사	으루(으로01)	5	5	28	보조사	동(도15)	1	1
21	부사격조사	께02	2	4	29	보조사	두(도15)	1	1
22	부사격조사	보러(보고01)	2	3	30	보조사	따(에다05)	1	1
23	부사격조사	대루(대로10)	2	2	31	보조사	또(도15)	1	1
24	부사격조사	ㄹ루(로07)	1	1	32	보조사	롱05	1	1
25	부사격조사	ㄹ루(으로01)	1	1	33	보조사	루(마다04)	1	1
26	부사격조사	로서	1	1	34	보조사	으(은05)	1	1
27	부사격조사	에로(으로01)	1	1	35	보조사	이라고01	1	1
28	부사격조사	에서부터	1	1	1	접속조사	랑05	75	192
29	부사격조사	해테(한테)	1	1	2	접속조사	하고05	46	110
1	호격조사	아09	45	76	3	접속조사	나10	14	16
1	인용격조사	고22	96	190	4	접속조사	과12	8	9
2	인용격조사	구(고22)	19	29	5	접속조사	하구(하고05)	4	5
3	인용격조사	라06	15	19	6	접속조사	이라든지	1	1
4	인용격조사	라고01	10	11					
5	인용격조사	이라구(이라고01)	1	2					

〈표 2.15〉에 정리한 관계언의 목록을 보면, 주격조사는 '가11'가 압도적으로 높은 사용 화자 수와 출현 빈도를 보이고, '서17, 께

서'는 극히 일부의 화자가 사용하며 낮은 출현 빈도를 보인다. 보격조사는 '가11', 관형격조사는 '의10'와 '에'가, 목적격조사는 '를, ㄹ02' 형태가 고빈도 목록에서 관찰된다. 부사격조사는 '에04, 에서02, 로07, 랑05, 한테' 순으로 사용 화자 수가 높고, 호격조사는 '아09', 인용격조사는 '고22, 구(고22), 라06, 라고01, 이라구(이라고01)'의 순으로 나타난다. 보조사는 '는01, ㄴ02, 도15, 만14, 두10, 까지03'의 순으로 사용 화자 수가 높다. 접속조사는 '랑05, 하고05, 나10, 과12, 하구, 이라든지'의 순위를 보인다. 고빈도 관계언의 특징으로는 '랑, 한테, 하고, 구(고22), 루(로07), 두10'와 같이 구어적 표현들이 다수 출현하고 있다는 점을 들 수 있다.

1.2 중·고등학생의 구어에 나타난 어휘 목록과 빈도

1.2.1 중·고등학생의 어휘소 분포와 단어 형태 출현 빈도

가. 품사 유형별 어휘소 분포

중·고등학생들의 대화에서 분석된 어휘소들은 체언, 용언, 수식언, 관계언 등의 품사 유형의 관점에서 다음과 같은 분포를 보인다.

〈표 2.16〉 어휘소 분포(중·고등학생)

품사 유형	어휘소 수 (백분율)
체언	3,156 (64.83%)
용언	1,209 (24.84%)
수식언	432 (8.87%)
관계언	71 (1.46%)
합계	4,868 (100.00%)

위의 〈표 2.16〉에 제시된 바와 같이, 대상 자료에서 분석된 어휘소 수는 총 4,868개였다. 어휘소들을 품사 유형별로 구분해 보면, 체언은 3,156개로 전체 64.83%를 차지하여 가장 높은 비율을 보인다. 용언은 1,209개로 24.84%의 비율을 보이고, 수식언은 432개로 8.87%를 차지하고 있다. 마지막으로 관계언은 71개로 1.46%로 나타난다.

나. 품사 유형별 단어 형태 출현 빈도

중·고등학생들의 어휘 사용상의 특징을 개관해 보기 위해 단어 형태들의 출현 빈도를 품사 유형별로 산출해 보면 다음과 같다.

〈표 2.17〉 단어 형태 출현 빈도(중·고등학생)

품사 유형	출현 빈도 (백분율)
체언	22,127 (37.13%)
용언	17,348 (29.11%)
수식언	10,928 (18.34%)
관계언	9,194 (15.43%)
합계	59,597 (100.00%)

분석 대상 자료에서 쓰인 단어 형태의 출현 빈도는 총 59,597번으로 집계되었다. 이들을 품사 유형별로 살펴보면, 체언의 단어 형태는 22,127번으로 37.13%라는 가장 높은 출현 빈도를 보였고, 다음으로 용언이 17,348번으로 29.11%의 비율을 보였다. 수식언은 10,928번으로 18.34%로 나타났고, 관계언은 9,194번으로 15.43%로 분석되었다.[14]

---

14 구어를 대상으로 한 이 책의 분석 결과와 문어를 중심으로 분석된 국립국어원(2002)의 현대 국어 사용 빈도 조사를 비교해 보면, 수식언과 관계언의

다. 어휘소의 분포와 단어 형태 출현 빈도의 관계

중·고등학생의 어휘에서 분석된 품사 유형 분포와 단어 형태의 출현 빈도가 어떠한 관계를 지니는가를 살펴보았다. 대비가 용이하도록 앞에서 산출된 계량적 분석을 그래프로 나타내 보기로 한다.

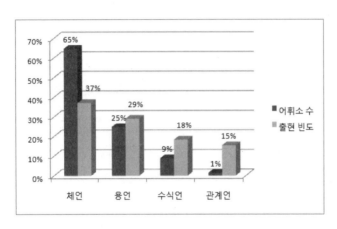

[그림 2.4] 어휘소 수와 단어 형태 출현 빈도(중·고등학생)

출현 빈도에서 차이를 보이고 있다. 이 책에서는 수식언의 출현 빈도가 전체 비율의 18.34%, 관계언의 출현 빈도가 15.43%였다. 그에 반해 국립국어원(2002)에서는 수식언이 7.46%로 본 연구보다 매우 낮게 나타났고, 관계언은 27.82%로 본 연구보다 매우 높게 나타났다. 수식언의 경우, 문어에서는 수식언을 피수식어 앞에서만 사용하는 반면, 구어에서는 수식언이 피수식어 없이도 독립된 발화로 자주 사용되는 경우가 많기 때문인 것으로 보인다. 관계언의 경우, 문어에서는 관계언을 생략 없이 정확히 사용하는 반면에, 구어에서는 관계언이 생략되는 경우가 많기 때문인 것으로 추정된다.

품사 범주별 어휘소 분포와 출현 빈도 (국립국어원: 2002)

품사	어휘소 수 (백분율)	출현 빈도 (백분율)
체언	40,527 (69.51%)	819,839 (38.80%)
용언	13,705 (23.51%)	547,533 (25.92%)
수식언	3,887 (6.67%)	157,563 (7.46%)
관계언	182 (0.31%)	587,811 (27.82%)
합계	58,301 (100.00%)	2,112,746 (100.00%)

사용된 어휘소의 품사 유형 분포와 출현 빈도를 대비해 보면, 어휘
소의 품사 유형 분포에서는 체언 65%, 용언 25%, 수식언 9%, 관계
언 1%로 각 유형별 격차가 크게 나타난 반면에, 단어 형태들의 출
현 빈도에서는 체언 37%, 용언 29%, 수식언 18%, 관계언 15%로
품사 유형별 격차는 크지 않음을 알 수 있다. 종합해 보면, 체언은
어휘소 수가 65%로 다른 품사 유형에 비해 월등히 높은 분포를 보
이고 있지만, 단어 형태의 출현 빈도에서는 현저히 떨어진 37%의
비율을 보이고 있어서 어휘소 수와 단어 형태 출현 빈도 사이의 격
차가 큰 것을 알 수 있다. 수식언과 관계언은 어휘소 수는 각각
9%, 1%로 낮은 비율을 나타냈지만, 출현 빈도에서는 18%, 15%로
높은 비율을 나타내고 있다. 즉 어휘소 수는 다양하지 않지만 그
사용 빈도는 높음을 보여 준다.

　이상과 같은 어휘소의 품사 유형 분포와 단어 형태 출현 빈도 사
이의 대비 관계가 드러나도록 그림으로 나타내 보면 다음과 같다.

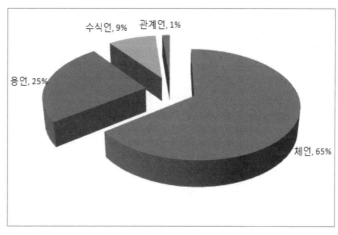

[그림 2.5] 어휘소 분포(중·고등학생)

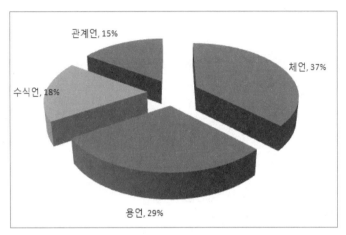

[그림 2.6] 단어 형태 출현 빈도(중·고등학생)

[그림 2.5]에서 볼 수 있는 것처럼, 어휘소의 품사 유형 분포에서는 체언이 월등히 높은 비중을 차지하고 있다. 그러나 [그림 2.6]의 단어 형태 출현 빈도의 경우는 품사 유형별 차이가 크지 않고, 특히 용언과 체언의 차이도 크지 않다.

1.2.2 중·고등학생의 체언 사용 특징

가. 체언의 어휘소 분포

체언에 속한 어휘소들을 명사, 대명사, 수사로 구분하고, 명사는 다시 일반명사, 고유명사, 의존명사로 세분하여 그 분포를 분석하였다. 체언 어휘소들의 품사 분포를 보면 다음과 같다.

〈표 2.18〉 체언의 어휘소 분포(중·고등학생)

품사 유형	품사		어휘소 수 (백분율)
체언	명사	일반명사	2,138 (67.74%)
		고유명사	818 (25.92%)
		의존명사	93 (2.95%)
	대명사		70 (2.22%)
	수사		37 (1.17%)
합계			3,156 (100.00%)

〈표 2.18〉에 제시된 바와 같이, 체언 가운데 명사는 일반명사가 2,138개(67.74%)로 매우 높은 비율을 차지하고 있고, 고유명사가 818개로 25.92%, 의존명사가 93개로 2.95%에 이른다. 체언은 일반명사, 고유명사, 의존명사, 즉 명사가 97%에 이르는 분포를 보인다. 대명사는 70개로 2.22%를, 수사는 37개로 1.17%를 보이고 있다.

나. 체언의 단어 형태 출현 빈도

구체적인 맥락에서 사용되는 체언 단어 형태들의 출현 빈도를 산출해 보면 다음과 같다.

〈표 2.19〉 체언의 단어 형태 출현 빈도(중·고등학생)

품사 유형	품사		출현 빈도 (백분율)
체언	명사	일반명사	10,476 (47.34%)
		고유명사	1,657 (7.49%)
		의존명사	3,096 (13.99%)
	대명사		5,796 (26.19%)
	수사		1,102 (4.98%)
합계			22,127 (100.00%)

맥락에 쓰인 체언 단어 형태들의 출현 빈도를 정리해 보면, 일반
명사가 10,476번으로 47.34%에 달하는 높은 빈도를 보이고, 고유
명사는 1,657번으로 7.49%의 빈도를 보인다. 의존명사의 경우는
3,096번으로 13.99%를 보인다. 체언 가운데 명사의 출현 빈도가
총 68.82%에 달한다. 다음으로 대명사가 5,796번으로 26.19%의
빈도를 보이고, 수사가 1,102번으로 4.98%로 나타난다. 따라서
체언의 경우 일반명사 사용이 가장 높고, 대명사, 의존명사 순으
로 높은 비율을 보이고 있다.

어휘소 분포와 출현 빈도를 대비해 보면, 일반명사의 경우는 어
휘소 분포와 출현 빈도에서 모두 높은 순위를 보인다. 대명사의
경우, 단어 수가 적어 분포는 2.22%로 낮지만, 출현 빈도는
26.19%로 높은 것을 볼 수 있다. 이것은 발화에서 대명사 사용이
빈번함을 말해 준다. 반대로 고유명사의 경우, 어휘소 분포는 전
체 비율의 25.92%를 점유하고 있는데도, 출현 빈도는 7.49%로 나
타나고 있어 그 쓰임이 활발하지 않음을 알 수 있다.

다. 고빈도 체언 목록

체언에 속하는 어휘소 가운데, 사용 화자 수가 높은 고빈도 명
사들을 50순위까지 품사별로 제시해 보면 다음과 같다.

〈표 2.20〉 사용 화자 수에 따른 고빈도 명사 목록(중·고등학생)

순위	일반명사			고유명사			의존명사		
	형태	화자수	빈도	형태	화자수	빈도	형태	화자수	빈도
1	애02	124	333	버디02	14	21	거01	190	1362
2	말01	114	256	크리스마스	8	16	분08	87	205
3	때01	112	262	은주04	7	17	것01	81	135

순위	일반명사			고유명사			의존명사		
	형태	화자수	빈도	형태	화자수	빈도	형태	화자수	빈도
4	집01	78	142	비36	6	19	수02	67	101
5	사람	72	145	추석01	6	11	번04	60	101
6	친구02	68	131	미국03	6	10	줄04	58	74
7	얘기	67	117	영어02	6	10	시10	51	108
8	학교	64	111	공효진	6	9	데01	41	68
9	그때	64	109	지니02	5	9	원01	40	88
10	반11	62	158	대장금	5	8	명03	40	63
11	엄마	60	146	때려	5	5	중04	34	56
12	학원02	60	128	태훈	4	21	일07	31	63
13	돈01	55	99	강남	4	14	꺼	29	44
14	여자02	52	77	메이플	4	7	점10	28	53
15	학년	50	98	주진모	4	6	때문	25	31
16	남자02	50	72	모혜란	4	5	개10	22	41
17	원래01	48	70	송파중학교	4	5	년02	21	36
18	선생님	47	88	스타02	4	5	적03	21	25
19	시간04	44	66	가동08	4	4	시간04	18	24
20	공부01	42	63	안형석	3	9	터02	18	20
21	처음	40	56	프리첼	3	9	쪽05	15	22
22	게임	35	67	상두04	3	8	지02	15	16
23	오늘	35	57	이도은	3	6	살04	13	18
24	요즘	34	58	일본02	3	6	척01	13	17
25	이름	33	44	조은주	3	6	초07	12	15
26	동안01	31	34	리니지	3	5	달05	11	20
27	다음01	30	43	이효리	3	5	교시03	11	17
28	컴퓨터	29	56	화전문마02	3	5	놈01	10	19
29	정도11	29	39	문정06	3	4	땜03	10	11
30	나중01	29	32	삼성07	3	4	식04	9	10
31	소리01	28	37	송파02	3	4	등04	7	14
32	전08	28	37	신민아	3	4	동15	7	13

순위	일반명사			고유명사			의존명사		
	형태	화자수	빈도	형태	화자수	빈도	형태	화자수	빈도
33	시험03	27	48	첫사랑02	3	4	주26	7	10
34	생각01	27	45	빼빼로	3	3	날01	7	9
35	동생01	27	40	서울01	3	3	편04	7	9
36	일01	27	40	세븐02	3	3	위05	6	15
37	녹음03	27	38	일본어	3	3	권01	6	10
38	새끼02	27	35	장화홍련	3	3	바03	6	6
39	노래01	26	35	조은지	3	3	키로	4	12
40	진짜	25	35	중국01	3	3	뿐01	4	5
41	아빠	24	58	현대03	3	3	차03	4	5
42	아침	24	36	경선09	2	11	가지04	4	4
43	눈01	24	33	석중	2	10	나름	4	4
44	옆	24	29	여의도	2	10	대11	4	4
45	어제01	23	33	창현02	2	10	월02	4	4
46	옛날	23	30	조니뎁	2	9	초03	4	4
47	영어02	22	40	진아	2	9	킬로	4	4
48	밥01	22	37	나희	2	7	개월	3	4
49	성적03	22	31	득유	2	7	리06	3	4
50	지금03	22	26	희진	2	7	대로01	3	3

위의 〈표 2.20〉에서 볼 수 있듯이, 명사 가운데 고빈도 일반명사는 '애02, 말01, 때01, 집01, 사람, 친구02, 얘기, 학교, 그때, 반11, 엄마, 학원02, 돈01, 여자02, 학년, 남자02, 원래01, 선생님, 시간04, 공부01' 등의 순으로 나타난다. 명사에는 시간 표현이 많이 나타나는데, '그때, 나중01, 다음01, 동안01, 때01, 시간04, 아침, 어제01, 옛날, 오늘, 요즘, 원래01, 전08, 지금03, 처음' 등이 사용 화자 수가 높다.

공간을 나타내는 표현은 '반11, 집01, 학교, 학원02' 등 청소년들의 생활 공간 관련 어휘소가 높은 빈도를 보인다. 사람을 지칭

하는 표현으로는 '선생님, 여자02, 남자02, 동생01, 사람, 새끼02, 아빠, 애02, 엄마, 친구02' 등이 있다. 특히 중고등학생들은 친구들과 대화할 때 친구를 욕하여 이르는 말인 '새끼02'라는 비속한 표현을 습관적으로 아무렇지 않게 사용하고 있는 것을 볼 수 있다. 학업과 관련하여 '공부01, 성적03, 시험03, 영어02' 등의 표현이 높은 빈도로 사용되며, 그 밖에 '돈01, 컴퓨터, 밥01, 노래01, 게임' 등도 상당한 빈도를 보이고 있다.[15]

다음으로 고유명사 목록을 살펴보면, '리니지, 메이플, 스타02, 지니02, 버디02, 프리첼' 등 온라인 게임이나 커뮤니티와 관련된 어휘들이 사용 화자 수가 높다. '가동08, 강남, 문정06, 미국03, 삼성07, 서울01, 송파02, 송파중학교, 여의도, 일본02, 중국01, 현대03' 등 사는 지역이나 학교, 타 국가에 대한 표현도 많이 사용되고 있다. 사람을 나타내는 표현으로는 '경선09, 나희, 득유, 모혜란, 석중, 안형석, 은주04, 이도은, 조은주, 조은지, 진아, 창현02, 태훈, 희진' 등 친구들의 이름이 가장 많이 쓰이며, '공효진, 비36, 세븐02, 신민아, 이효리, 조니뎁, 주진모' 등 연예인 이름이나 '대장금, 때려, 상두04, 장화홍련' 등 TV 프로그램명도 높은 빈도로 나타난다. 그 밖에 '빼빼로, 추석01, 크리스마스' 등 특정한 날도 높은 사용 화자 수를 보인다.

마지막으로 의존명사는 '거01, 분08, 것01, 수02, 번04, 줄04, 시10, 데01, 원01, 명03, 중04, 일07, 꺼, 점10, 때문, 개10, 년02, 적03, 시간04, 터02' 등의 순서로 나타난다.

---

15 중학생의 경우는 고등학교 진학을 앞두고 있기 때문에 '외고, 과학고, 산업고, 예고, 특정 학교명' 등 고등학교 진학과 관련된 어휘들이 많이 나타나고 있었고, 고등학생의 경우는 대학 진학을 앞두고 있기 때문에 '전문대, 미대, 지방대, 특정 대학명, 캠퍼스, 수시, 원서' 등의 대학 관련 어휘들이 많이 보였다. 또한 고등학생의 경우 '아르바이트, 맥주' 등이나, 남학생의 경우 '군대, 당구장, 담배' 등의 어휘도 출현하였다.

다음으로 대명사, 수사 목록을 제시하면 다음과 같다.

〈표 2.21〉 사용 화자 수에 따른 고빈도 대명사·수사 목록(중·고등학생)

순위	대명사			수사		
	형태	화자 수	빈도	형태	화자 수	빈도
1	나03	184	1085	십	86	230
2	뭐	169	682	이09	60	114
3	너01	154	527	하나	51	81
4	우리03	145	492	삼06	49	86
5	그거	136	414	오04	45	86
6	내04	133	393	사11	45	69
7	이거01	123	346	구01	31	63
8	걔	111	385	팔03	25	39
9	니05	107	252	백05	24	66
10	어디01	77	119	일05	24	36
11	여기01	66	116	둘01	24	34
12	누구	65	125	칠01	20	34
13	거기01	62	128	열03	20	32
14	쟤	45	98	육02	20	29
15	모	39	100	천03	14	19
16	누02	33	42	몇	11	12
17	이번01	30	43	만06	10	14
18	얘03	27	34	셋	5	7
19	저번02	26	36	억04	3	14
20	자기04	25	35	투02	2	5
21	저기01	22	26	스물	2	3
22	얼마	21	27	넷01	2	2
23	지(자기04)	19	32	쓰리05	2	2
24	그01	17	20	아홉	2	2
25	그것	17	20	여섯	2	2
26	저거01	16	21	일곱	2	2

순위	대명사			수사		
	형태	화자 수	빈도	형태	화자 수	빈도
27	지05	15	27	첫째	2	2
28	아무01	12	14	둘째	1	3
29	거01	12	13	두01	1	2
30	요번	8	10	세븐01	1	2
31	언제01	7	11	씩스	1	2
32	아무거	7	8	둘째	1	1
33	이것	7	8	마흔	1	1
34	저쪽	7	7	서른	1	1
35	머(뭐)	6	9	십억04	1	1
36	여06	5	6	여덟	1	1
37	이05	5	6	원20	1	1
38	모15	4	7			
39	거02	4	5			
40	아무것	4	4			
41	웬일	4	4			
42	저03	4	4			
43	저04	4	4			
44	쩌기	4	4			
45	너희	3	4			
46	쩌번	3	4			
47	그쪽	3	3			
48	요기01	2	4			
49	요05	2	3			
50	이쪽02	2	2			

대명사 출현 빈도를 살펴보면, '그거, 이거01, 저거01, 이것' 등 사물을 가리키는 말과 그 변이형들이 고빈도로 사용된다. '걔, 나03, 내04, 너01, 그01, 너희, 누02, 누구, 니05, 얘03, 우리03, 자

기04, 쟤, 저03, 저04, 지05' 등 사람을 가리키는 표현도 사용 화
자 수의 빈도가 높다. 또한 특정한 곳이나 방향을 지시하는 '거기
01, 여기01, 저기01, 여06, 거02(거기), 요05, 요기01, 그쪽, 저쪽'
등도 변이형과 더불어 빈번하게 쓰인다.

수사는, '하나, 둘01, 열03, 셋, 스물, 넷01, 아홉, 여섯, 일곱,
두01, 마흔, 서른, 여덟' 등의 기수사가 높은 빈도를 보이고, '십,
이09, 삼06, 오04, 사11, 구01, 팔03, 백05, 일05, 칠01, 육02, 천
03, 만06, 억04, 십억04' 등의 한자어식 수사 표현도 빈번히 쓰인
다. 또한 '첫째, 둘째' 등의 서수사, 그리고 '투02, 쓰리05, 세븐01,
씩스, 원20'의 영어식 표현도 높은 빈도를 보인다.

체언에서는, '거, 뭐, 걔, 니, 쟤, 지, 여, 요기' 등의 구어 형태
가 높은 사용 빈도를 보이고 있어서 문어 표현과 차이가 있음을
알 수 있다.[16]

1.2.3 중·고등학생의 용언 사용 특징

가. 용언의 어휘소 분포

용언은 동사, 형용사, 보조용언, 지정사로 구분하여 조사하였다.
용언에 속하는 어휘소들의 품사 분포는 다음과 같다.

〈표 2.22〉 용언의 어휘소 분포(중·고등학생)

품사 유형	품사	어휘소 수 (백분율)
용언	동사	882 (72.95%)
	형용사	292 (24.15%)

---

16 이러한 구어적 표현들은 〈표준국어대사전〉에 표제어로 등재되어 있어서 이
책에서도 따로 분류하여 목록에 포함하였다.

품사 유형	품사	어휘소 수 (백분율)
용언	보조용언	33 (2.73%)
	지정사	2 (0.16%)
합계		1,209 (100.00%)

〈표 2.22〉에서 보듯이, 용언에 속하는 어휘소 총 1,209개 가운데, 동사가 882개로 72.95%를 점유하고 있다. 그 다음으로 형용사가 292개로 24.15%를 차지하고, 보조용언이 33개로 2.73%에 이른다. 지정사는 '이다, 아니다'의 형태가 하나씩 관찰된다.

나. 용언의 단어 형태 출현 빈도

용언에 속하는 동사와 형용사, 보조용언, 지정사들은 구체적인 사용 맥락에서 여러 단어 형태로 실현된다. 사용된 단어 형태들이 출현하는 빈도를 보기로 한다.

〈표 2.23〉 용언의 단어 형태 출현 빈도(중·고등학생)

품사 유형	품사	출현 빈도 (백분율)
용언	동사	10,548 (60.80%)
	형용사	3,847 (22.18%)
	보조용언	1,831 (10.55%)
	지정사	1,122 (6.47%)
합계		17,348 (100.00%)

용언에 속하는 단어 형태들의 출현 빈도는, 동사가 10,548번으로 60.80%의 높은 사용을 보이며, 그 다음으로 형용사가 3,847번으로 22.18%의 비율을 보인다. 보조용언은 1,831번으로 10.55%로 나타나고, 지정사 중에 긍정지정사 '이다'는 784번(4.52%), 부정지정사는 338번(1.95%)으로 긍정지정사가 더 빈번히 사용되었다.

어휘소 분포와 단어 형태 출현 빈도를 대비해 보면, 동사는 어휘소 분포와 출현 빈도 둘 다에서 높은 순위를 보인다. 이는 중·고등학생들이 대화에서 행위 관련 표현을 많이 사용하고 있음을 말해 준다. 그리고 보조용언의 경우 어휘소 수는 33개 (2.73%)로 나타났지만, 출현 빈도는 1,831번(10.55%)으로 비율 면에서 높다.

다. 고빈도 용언 목록

용언의 동사, 형용사, 보조용언별로 사용 화자 수가 높은 단어를 빈도순으로 50순위까지 제시하면 다음과 같다.

〈표 2.24〉 사용 화자 수에 따른 고빈도 용언 목록(중·고등학생)

순위	동사			형용사			보조용언		
	형태	화자수	빈도	형태	화자수	빈도	형태	화자수	빈도
1	하다01	188	1514	있다01	170	601	보다01	134	284
2	되다01	176	680	없다01	160	470	있다01	116	222
3	가다01	156	557	같다	140	347	주다01	106	207
4	보다01	130	386	그렇다	124	283	않다	98	160
5	모르다	129	268	좋다01	123	267	하다01	92	136
6	그러다	125	315	많다	73	113	가지다	88	177
7	알다	122	255	싫다01	67	113	싶다	75	126
8	나오다	97	206	재밌다	47	73	말다03	57	88
9	오다01	95	194	크다01	43	80	가다01	50	67
10	말하다	94	172	괜찮다	42	56	지다04	47	59
11	맞다01	93	214	이상하다	39	55	갖다01	44	79
12	먹다02	74	196	맛있다	29	44	오다01	41	51
13	잘하다	66	90	어떻다	29	38	놓다01	40	52
14	다니다	63	120	힘들다	24	37	버리다01	21	28

순위	동사			형용사			보조용언		
	형태	화자수	빈도	형태	화자수	빈도	형태	화자수	빈도
15	사다	58	124	시끄럽다	24	32	달다05	13	19
16	듣다01	58	92	아프다	23	38	나다01	11	13
17	좋아하다	57	152	친하다	22	28	대다01	8	11
18	짜증나다	50	86	똑같다	21	25	못하다	6	6
19	얘기하다	49	95	이렇다	19	37	나가다	4	4
20	주다01	48	93	이쁘다	19	31	마(말03)다	4	4
21	놀다01	48	77	늦다	18	26	먹다02	4	4
22	나다01	48	75	낫다02	18	21	부(보01)다	4	4
23	받다01	47	62	다르다01	18	20	가주(가지)다	3	7
24	쓰다03	45	80	비싸다	17	21	뻔하다	3	4
25	끝나다	45	60	나쁘다01	17	18	만하다	3	3
26	이러다	44	86	귀엽다	16	24	드리다01	2	4
27	생각하다	40	61	재미없다	16	23	내다02	2	3
28	쓰다01	39	89	착하다	15	17	두다01	2	2
29	생기다	39	60	배고프다	14	23	죽다01	2	2
30	미치다01	39	50	멀다02	14	19	치다14	1	2
31	들어가다01	37	65	비슷하다	14	18	지다	1	1
32	죽다01	36	42	불쌍하다	14	17	하다01	1	1
33	나가다	34	48	멋있다	13	26	척하다	1	1
34	들다01	33	45	귀찮다	13	18			
35	갖다01	33	40	재미있다	13	17			
36	못하다	32	38	ㅣ쓰다	13	15			
37	사귀다	30	67	무섭다	13	13			
38	자다01	30	56	작다01	12	18			
39	웃기다	30	48	춥다	12	18			
40	어떡하다	29	42	어리다03	12	16			
41	남다01	29	32	미안하다	12	15			
42	싫어하다	28	50	심하다	12	14			
43	들리다03	28	34	어렵다	11	16			

순위	동사			형용사			보조용언		
	형태	화자 수	빈도	형태	화자 수	빈도	형태	화자 수	빈도
44	보내다	27	44	당연하다	10	16			
45	만나다	26	51	심심하다	10	15			
46	바꾸다	26	31	조용하다	10	12			
47	만들다	25	34	어색하다	10	11			
48	지나다	25	31	황당하다	9	19			
49	대하다02	24	40	높다	9	10			
50	보이다01	24	37	예쁘다	8	13			

동사 사용 빈도 순위를 정리해 보면, '하다01, 되다01, 가다01, 보다01, 모르다, 그러다, 알다, 나오다, 오다01, 말하다' 등이 사용화자 수가 높게 나타난다. 동사 중에서 '사다, 가다01, 갖다01, 나가다, 나오다, 놀다01, 다니다, 들다01, 들어가다01, 만나다, 만들다, 먹다02, 바꾸다, 받다01, 보내다, 사귀다, 쓰다01, 쓰다03, 얘기하다, 오다01, 웃기다, 자다01, 주다01, 지나다' 등 행위를 나타내는 표현이 가장 빈번하게 쓰이고, '맞다01, 모르다, 생각하다03, 알다' 등의 인지 동사, '싫어하다, 좋아하다, 짜증나다' 등의 감정 표현 동사, '듣다01, 들리다03, 보다01' 등의 감각 동사도 높은 빈도를 보인다.

형용사는 '있다01, 없다01, 같다, 그렇다, 좋다01, 많다, 싫다01' 등이 높은 빈도를 보인다. 형용사의 사용에서는 '있다01, 없다01' 등의 존재 표현이 가장 높은 빈도를 나타내고, '괜찮다, 귀엽다, 낫다02, 맛있다, 멋있다, 예쁘다, 재미있다, 좋다01, 착하다' 등의 긍정적인 표현들도 높은 빈도를 보인다. '귀찮다, 나쁘다01, 무섭다, 비싸다, 시끄럽다, 싫다01, 어렵다, 어색하다, 이상하다, 재미없다, 황당하다, 힘들다' 등의 부정적인 표현도 빈번하게 사용된다. '같다, 높다, 다르다01, 똑같다, 많다, 멀다02, 비슷하다, 작다

01, 크다01' 등 정도를 나타내는 표현, '미안하다'의 사과 표현, '그렇다, 어떻다, 이렇다' 등 지시 표현도 고빈도 목록에 포함된다.

보조용언은 시도를 나타내는 '보다01'가 가장 높은 빈도를 보이고, 진행이나 지속을 나타내는 '있다01', 봉사를 나타내는 '주다01', 부정 표현 '않다', 사동 표현 '하다01', 보유나 지님을 나타내는 '가지다', 희망을 나타내는 '싶다', 부정 표현 '말다03' 등이 높은 빈도로 사용된다.

1.2.4 중·고등학생의 수식언 사용 특징

가. 수식언의 어휘소 분포

수식언에 속하는 어휘소들은 관형사와 부사로 구분하고, 부사는 다시 일반부사와 접속부사로 하위 유형화하여 조사하였다. 수식언의 어휘소 분포와 단어 형태들의 출현 빈도는 다음과 같다.

〈표 2.25〉 수식언의 어휘소 분포(중·고등학생)

품사 유형	품사		어휘소 수 (백분율)
수식언	관형사		73 (16.90%)
	부사	일반부사	320 (74.07%)
		접속부사	39 (9.03%)
합계			432 (100.00%)

위에서 보듯이, 수식언의 사용 어휘소 수는 총 432개인데 그 가운데 일반부사가 320개로 74.07%를 차지하고 있다. 다음으로 관형사가 73개로 16.90%를 점유하고 있으며, 접속부사는 39개로 9.03%의 비율을 보인다. 수식언에서는 부사가 일반부사와 접속부사를 합쳐 83.10%에 이르는 분포를 보인다.

나. 수식언의 단어 형태 출현 빈도

수식언에 속하는 단어 형태들의 출현 빈도를 산출해 보면, 그 결과는 다음과 같다.

〈표 2.26〉 수식언의 단어 형태 출현 빈도(중 · 고등학생)

품사 유형	품사		출현 빈도 (백분율)
수식언	관형사		2,450 (22.42%)
	부사	일반부사	7,139 (65.33%)
		접속부사	1,339 (12.25%)
합계			10,928 (100.00%)

위의 도표에 제시된 바에 의하면, 수식언의 출현 빈도는 앞의 어휘소 분포와 유사한 양상을 보인다. 총 출현 빈도는 10,928번인데, 부사 가운데 일반부사가 7,139번으로 65.33%의 높은 비율을 차지하고 있다. 다음으로 관형사의 출현이 2,450번으로 22.42%에 달하고 접속부사는 1,339번이 쓰여 12.25%로 나타난다.

다. 고빈도 수식언 목록

수식언을 사용 화자 수가 높은 빈도순으로 일반부사, 접속부사, 관형사별로 50개까지 제시하면 다음과 같다.

〈표 2.27〉 사용 화자 수에 따른 고빈도 수식언 목록(중 · 고등학생)

순위	부사						관형사		
	일반부사			접속부사					
	형태	화자 수	빈도	형태	화자 수	빈도	형태	화자 수	빈도
1	안02	188	813	근데01	147	512	그01	141	401
2	진짜	154	556	그래서	61	148	그런01	110	206

순위	부사						관형사		
	일반부사			접속부사					
	형태	화자수	빈도	형태	화자수	빈도	형태	화자 수	빈도
3	왜02	141	331	그럼01	61	96	한01	108	211
4	다03	129	327	그러니까	60	115	몇	79	144
5	그냥	122	260	그러면	46	72	십	72	120
6	막02	114	628	또	39	51	무슨	67	110
7	좀02	111	233	그리고	37	72	일05	62	117
8	너무01	94	196	그니까	37	60	이05	53	74
9	잘02	93	150	그래도	32	41	내13	50	74
10	많이	88	156	그런데	22	33	이런01	48	73
11	못04	87	135	근까	21	26	삼06	44	59
12	되게	73	135	아무튼	10	17	이09	43	74
13	이렇게	71	152	그러면서	10	11	두01	42	58
14	더01	68	107	그리구	10	11	오04	39	56
15	어떻게	67	112	금	10	11	세01	36	43
16	이제01	65	110	그까	9	12	육02	33	40
17	지금03	62	121	그래두	8	9	사11	28	46
18	별로01	62	89	긍까	5	8	백05	25	38
19	그렇게	55	82	그면	4	4	만06	22	50
20	또	54	80	그르니까	2	3	네02	22	33
21	같이	50	72	그나저나	2	2	뭔	22	26
22	어제01	49	91	그래03	2	2	저04	21	30
23	쫌(좀02)	49	83	그러다	2	2	칠01	21	25
24	맨날(만날)	48	87	그렇지만	2	2	천03	20	30
25	빨리	45	58	그문	2	2	어떤	20	28
26	딱03	42	81	글면	2	2	다른	20	25
27	오늘	42	71	왜냐면	2	2	딴03	17	22
28	존나	40	85	하지만	2	2	팔03	15	19
29	솔직히	39	72	그러구	1	1	다섯	13	18
30	언제01	38	53	그러다가	1	1	맨01	13	15
31	아직01	34	50	그믄	1	1	따른	12	15

순위	부사						관형사		
	일반부사			접속부사					
	형태	화자 수	빈도	형태	화자수	빈도	형태	화자 수	빈도
32	계속04	30	47	그이까	1	1	어느01	11	16
33	정말01	30	39	그치만	1	1	아무01	11	14
34	제일04	29	42	근대	1	1	여섯	10	19
35	다시01	29	39	글면서	1	1	열03	10	14
36	요즘	29	34	까(그러니까)	1	1	모든	7	7
37	얼마나	28	32	면(그러면)	1	1	일곱	7	7
38	딱02	23	51	어쩌면	1	1	저런01	7	7
39	거의01	22	29	왜냐하면	1	1	사십	6	7
40	바로02	21	28				첫	6	7
41	열심히	20	23				구01	5	5
42	이케	19	35				별02	5	5
43	인제01	19	25				여러	5	5
44	아까	19	20				아홉	4	6
45	먼저	19	19				그딴	4	5
46	갑자기	18	25				여덟	4	4
47	엄청	18	23				새06	3	5
48	꼭03	17	25				딴	3	3
49	일단01	16	23				석02	2	4
50	조용히	16	22				마이	2	2

고빈도 수식언 목록에서, 일반부사의 고빈도 형태는 '안02, 진짜, 왜02, 다03, 그냥, 막02, 좀02, 너무01, 잘02, 많이, 못04, 되게' 등으로 나타나고, '진짜, 그냥, 딱, 막, 되게, 존나' 등 구어적 표현도 높은 빈도로 쓰인다. 일반부사 가운데는 시간 부사 '계속04, 맨날(만날), 먼저, 바로02, 아까, 아직01, 어제01, 언제01, 오늘, 요즘, 이제01, 지금03' 등도 고빈도 목록에 들고 있다.

정도 부사도 빈번히 사용되고 있는데, '거의01, 너무01, 다03,

더01, 되게, 또, 많이, 별로01, 얼마나, 엄청, 제일04, 존나, 좀02'
등이 높은 순위를 보인다. 정도를 나타내는 부사에는 '되게(12위)'
와 같은 구어적 표현과 '존나(28위)'와 같은 비속한 표현이 여러
화자에게서 높은 빈도로 사용되고 있다.

접속부사는 '근데01, 그래서, 그럼01, 그러니까, 그러면, 또' 순
으로 많이 쓰였는데, 특히 '근데01, 그럼01'과 같이 담화 표지로
쓰이는 구어적 표현이 높은 빈도를 보인다.

다음으로 관형사는 '그01, 그런01, 한01, 몇, 십, 무슨, 일05, 이
05, 내13' 등의 순으로 나타난다. 관형사는 수관형사 빈도가 높
고, '네02, 다섯, 두01, 만06, 백05, 사11, 사십, 삼06, 세01, 십,
여섯, 열03, 오04, 육02, 이05, 이09, 일05, 일곱, 천03, 칠01, 팔
03, 한01, 첫, 구01, 아홉, 여덟, 석02' 등이 높은 빈도를 보인다.
'그01, 그런01, 내13, 이런01, 저04, 저런01'의 지시관형사도 빈번
히 쓰이고, 그밖에 '몇, 뭔, 아무01, 어느01, 별02, 여러, 그딴, 새
06, 그런' 등도 고빈도 형태들이다.

접속부사와 관형사를 살펴보면, 담화 표지로 사용되는 '근데,
그런데, 그니까, 근까, 글구' 등의 접속부사와 '그, 이' 등의 관형
사가 높은 빈도를 보인다. 일반부사에서도 구어에서 군말로 많이
사용하는 '진짜, 막02, 좀'이 높은 빈도를 보인다. 이처럼 수식언
에서는 학생들이 담화 표지나 군말을 많이 사용하고 있는 현상을
볼 수 있다.

1.2.5 중·고등학생의 관계언 사용 특징

가. 관계언의 어휘소 분포

관계언은 크게 격조사, 보조사, 접속조사로 구분하고, 격조사는 다시 주격조사, 보격조사, 관형격조사, 목적격조사, 부사격조사, 호격조사, 인용격조사로 구분하여 분석하였다. 관계언의 어휘소 분포를 제시하면 다음과 같다.

〈표 2.28〉 관계언의 어휘소 분포(중·고등학생)

품사 유형	품사		어휘소 수 (백분율)
관계언	격조사	주격조사	3 (4.23%)
		보격조사	1 (1.41%)
		관형격조사	2 (2.82%)
		목적격조사	2 (2.82%)
		부사격조사	25 (35.21%)
		호격조사	1 (1.41%)
		인용격조사	5 (7.04%)
	보조사		27 (38.03%)
	접속조사		5 (7.04%)
합계			71 (100.00%)

관계언은 어휘소 총 71개가 분석되었고, 보조사가 27개(38.03%)로 어휘소 수가 많고, 그 다음으로 부사격 조사가 25개(35.21%)로 많다. 그 밖에 다른 관계언의 어휘소 수는 5개 이하이다.

나. 관계언의 단어 형태 출현 빈도

관계언의 출현 빈도를 격조사, 보조사, 접속조사로 구분하여 살펴보면 다음과 같다.

〈표 2.29〉 관계언의 단어 형태 출현 빈도(중 · 고등학생)

품사 유형	품사		출현 빈도 (백분율)
관계언	격조사	주격조사	2,497 (27.16%)
		보격조사	23 (0.25%)
		관형격조사	67 (0.73%)
		목적격조사	736 (8.01%)
		부사격조사	2,221 (24.16%)
		호격조사	38 (0.41%)
		인용격조사	230 (2.50%)
	보조사		3,240 (35.24%)
	접속조사		142 (1.54%)
합계			9,194 (100.00%)

〈표 2.29〉에서 보듯이, 관계언은 총 9,194번이 사용되었고 이 가운데 보조사가 3,240번(35.24%)으로 가장 높은 출현 빈도를 보인다. 다음으로 주격조사가 2,497번(27.16%)으로 높은 빈도를 보이고, 부사격조사 빈도도 2,221번(24.16%)으로 높다. 그리고 목적격조사도 736번(8.01%)으로 10%에 가까운 사용 빈도를 보인다.

어휘소 분포와 단어 형태 출현 빈도를 대비해 보면, 어휘소 분포에서는 높은 비율을 보인 보조사와 부사격조사가 출현 빈도에서도 높게 나타난다. 주격조사와 목적격조사는 어휘소 수는 세 개 이하지만, 사용에서는 높은 출현 빈도를 보인다.

국립국어원(2002)의 현대 국어 사용 빈도 조사에서는 출현 빈도에 있어서 관형격조사와 목적격조사의 비율이 12%, 19%로 높게 나타났는데, 구어를 대상으로 한 이 연구의 분석 결과는 관형격조사 0.73%, 목적격조사 8%로 낮게 나타난다. 이는 구어 자료에서는 관형격조사와 목적격조사가 다른 조사에 비해 생략되는 경우가 많기 때문인 것으로 보인다.[17]

다. 고빈도 관계언 목록

관계언 목록을 사용 화자 수가 높은 빈도순으로 제시하면 다음과 같다.

〈표 2.30〉 사용 화자 수에 따른 고빈도 관계언 목록(중 · 고등학생)

순위	격조사				순위	보조사 접속조사			
	품사	형태	화자수	빈도		품사	형태	화자 수	빈도
1	주격조사	가11	191	2487	1	보조사	는01	186	1218
2	주격조사	서17	6	9	2	보조사	도15	184	854
3	주격조사	께서	1	1	3	보조사	ㄴ02	157	476
1	보격조사	가11	16	23	4	보조사	만14	110	223
1	관형격조사	의10	41	65	5	보조사	까지03	71	105
2	관형격조사	에(의10)	2	2	6	보조사	부터	54	74
1	목적격조사	를	164	597	7	보조사	나10	53	66
2	목적격조사	ㄹ02	81	139	8	보조사	밖에	45	64
1	부사격조사	에04	180	1007	9	보조사	두10	33	46
2	부사격조사	로07	121	276	10	보조사	요17	25	35
3	부사격조사	에서02	117	255	11	보조사	마다04	14	18
4	부사격조사	랑05	94	197	12	보조사	야11	11	13
5	부사격조사	한테	79	170	13	보조사	다06	7	7

---

17 관계언의 어휘소 분포와 단어 형태 출현 빈도 (국립국어원 2002)

	품사	어휘소 수 (백분율)	출현 빈도 (백분율)
격조사	주격조사	8 (4.40%)	84165 (14.32%)
	보격조사	2 (1.10%)	7488 (1.27%)
	관형격조사	3 (1.65%)	72463 (12.33%)
	목적격조사	4 (2.20%)	114398 (19.46%)
	부사격조사	51 (28.02%)	140369 (23.88%)
	호격조사	6 (3.30%)	588 (0.10%)
	인용격조사	7 (3.85%)	12220 (2.08%)
보조사		82 (45.05%)	135037 (22.97%)
접속조사		19 (10.44%)	21083 (3.59%)
합계		182 (100.00%)	587811 (100.00%)

순위	격조사				순위	보조사 접속조사			
	품사	형태	화자수	빈도		품사	형태	화자 수	빈도
6	부사격조사	서16	55	71	14	보조사	가11	6	8
7	부사격조사	보다04	45	61	15	보조사	라도01	6	7
8	부사격조사	하고05	28	36	16	보조사	만큼	6	7
9	부사격조사	ㄹ로(로07)	19	24	17	보조사	다가02	6	6
10	부사격조사	처럼	19	23	18	보조사	거나02	2	3
11	부사격조사	대로10	15	17	19	보조사	란04	2	2
12	부사격조사	에다가	14	21	20	보조사	두(도15)	1	1
13	부사격조사	보고01	14	17	21	보조사	들05	1	1
14	부사격조사	에다05	10	10	22	보조사	따(다06)	1	1
15	부사격조사	과12	8	9	23	보조사	라두(라도01)	1	1
16	부사격조사	에게	5	6	24	보조사	라든지	1	1
17	부사격조사	같이	5	5	25	보조사	뿐02	1	1
18	부사격조사	루(로07)	4	4	26	보조사	이라두	1	1
19	부사격조사	ㄹ루(로07)	2	4	27	보조사	치고	1	1
20	부사격조사	으루(으로01)	2	2	1	접속조사	랑05	41	86
21	부사격조사	하구(하고05)	2	2	2	접속조사	하고05	18	39
22	부사격조사	께02	1	1	3	접속조사	나10	12	13
23	부사격조사	로써	1	1	4	접속조사	과12	3	3
24	부사격조사	보구(보고01)	1	1	5	접속조사	하구(하고05)	1	1
25	부사격조사	이서14	1	1					
1	호격조사	아09	27	38					
1	인용격조사	고22	93	198					
2	인용격조사	라06	12	13					
3	인용격조사	라고01	7	11					
4	인용격조사	구(고22)	6	7					
5	인용격조사	라구(라고01)	1	1					

관계언을 살펴본 결과, 주격조사는 '가11'가 매우 빈번한 쓰임을 보이고, '서17, 께서'의 형태도 나타난다. 보격조사는 '가11', 관형

격조사는 '의10'와 '에'가, 목적격조사는 '를, ㄹ02' 형태가 쓰인다. 부사격조사는 '에04, 로07, 에서02, 랑05, 한테, 서16, 보다04, 하고05' 순으로 나타나고, 호격조사는 '아09', 인용격조사는 '고22, 라06, 라고01' 등의 순이다. 보조사 출현 빈도는 '는01, 도15, ㄴ02, 만14, 까지03, 부터, 나10, 밖에, 두10, 요17, 마다04, 야11, 다06, 가11' 등의 순이고, 접속조사에서는 '랑05, 하고05, 나10' 등을 볼 수 있다. 관계언에서는 보조사와 부사격조사가 다양하게 사용되고 있다. 그리고 보조사 '두10, 요17, 야11'나 부사격조사 '랑05, 한테' 등처럼 구어적 표현이 높은 출현 빈도를 보인다.

1.3 요약

이 장에서는 초등학생과 중·고등학생으로 구분하여 실제 구어 대화에 나타난 어휘 목록의 특징을 어휘소 수와 출현 빈도 분포와 고빈도 목록을 중심으로 살펴보았다.

총 어휘소 수는 초등학생이 5,630개, 중·고등학생이 4,868개로 조사되었다. 품사 유형별로는 초등학생은 '체언(3,764개, 66.86%) 〉 용언(1,286개, 22.84%) 〉 수식언(496개, 8.81%) 〉 관계언(84개, 1.49%)'의 순이었고, 중·고등학생은 '체언(3,156개, 64.83%) 〉 용언(1,209개, 24.84%) 〉 수식언(432개, 8.87%) 〉 관계언(71개, 1.46%)'의 순으로 유사한 양상을 보였다. 단어 형태별 출현 빈도에서는 초등학생의 경우 총 74,270번, 중·고등학생의 경우 총 59,597번의 빈도를 보였다. 품사 유형별로는 초등학생이 '체언(28,535번, 38.42%) 〉 용언(20,751번, 27.94%) 〉 수식언(12,596번, 16.96%) 〉 관계언(12,388번, 16.68%)'의 순으로 출현 빈도가 높았고, 중·고등학생도 체언(22,127번, 37.13%) 〉 용언(17,348번, 29.11%) 〉 수식언(10,928번,

18.34%) 〉관계언(9,194번, 15.43%)으로 출현 빈도가 높아 동일한 결과를 보였다.

어휘소 분포와 출현 빈도를 대비한 결과, 초등학생과 중·고등학생 모두 체언은 어휘소 수 비율에 비해 출현 빈도 비율은 감소하는 것으로 나타났다. 관계언과 수식언은 어휘소 수 비율에 비해 출현 빈도 비율은 크게 증가하는 것으로 나타나서, 이들 두 품사 유형은 제한된 어휘소가 반복적으로 자주 사용되고 있음을 확인할 수 있었다.

이 장에서는 또한 체언, 용언, 수식언, 관계언의 50개까지의 어휘 목록을 제시하고 이들에 나타난 특징을 살펴보았는데, 특히 수식언과 관계언에서 구어적인 특성을 지닌 어휘가 고빈도 목록 안에 다수 포함되어 있었고, 중·고등학생의 경우 '존나, 새끼' 등과 같은 비속한 어휘가 초등학생에 비해 다수 출현하고 있었다.

구어에 나타난 어휘를 조사하는 일은 기초 어휘 및 교육용 어휘 선정, 어휘 발달 지표 마련을 위해서 매우 중요하다. 현재 국내에서 진행되고 있는 기초 어휘 조사는 메타 계량과 코퍼스에서의 출현 빈도 등을 기준으로 이루어지고 있는데, 두 가지 방법 모두 문어에 집중되어 있는 실정이다. 앞으로 보다 다양한 상황에서의 구어 조사가 다각도로 이루어지고 이들이 축적된다면 구어에 사용되는 기초 어휘 선정과 어휘력 측정 도구 개발도 가능할 것으로 보인다.

2. 어휘 다양도*

구어에서 어휘 자료를 수치화하여 계량적으로 측정할 수 있는 척도는 매우 다양한데, '총 단어 수(TNW: Total Number of Words)'와 '개별 단어 수(NDW: Number of Different Words)'의 대비를 통한 '어휘 다양도(TTR: Type-Token Ratio)'는 사용한 총 단어 중에서 개별 단어 비율이 얼마나 되는지를 산출하는 방법으로, 어휘력을 측정할 수 있는 객관적인 척도로 활용할 수 있다.[18]

어휘력을 측정하는 척도의 하나인 'TNW(총 단어 수)'는 일정한 연령까지는 생활 연령에 따라 증가하는 것으로 알려져 있고, 단어 인출과 같은 다른 능력에 영향을 받을 수 있다. 또 다른 척도인 'NDW(개별 단어 수)'는 고정된 길이의 발화에서 발생하는 다른 단어의 수를 측정하는 것인데, NDW의 수치가 현저하게 낮은 경우에는 단어 인출상의 문제나 빈약한 어휘력을 암시한다. 'TNW(총 단어 수)'와 'NDW(개별 단어 수)'의 경우는 어휘 사용 빈도와 어휘의 다양성 정도를 보여준다는 점에서는 매우 의미가 있지만, 선택된 피험자가 특별히 발화가 긴 대상자들로 구성되었을 경우 수치가 높아지므로 이들이 언어 능력이나 어휘력을 직접 반영한다고 볼 수 없다. 따라서 'TNW(총 단어 수)'와 'NDW(개별 단어 수)'의 대비로 나타나는 TTR(어휘 다양도) 측정을 통한 해석이 필요하다. 'TTR(어휘 다양도)'의 측정은 어휘 표현력의 객관적인 척도로 활용될 수 있을 것으로 보인다.

---

* 이 절의 내용은 이필영·김정선(2008) "초등학생의 표현 어휘 능력 연구"(청람어문교육 38), 장경희·전은진(2008) "중·고등학생의 어휘 다양도 연구"(한국어 의미학 27)의 논문 내용을 바탕으로 한 것이다.
18 유아의 언어 능력 검사에서도 표현 언어를 측정하는 일은 쉽지 않은데, 이러한 방법을 통해 표현 언어를 검사해 볼 수 있다.

이 책에서는 앞 절에서 제시한 어휘 목록과 빈도를 토대로 어휘 다양도를 측정해 보았다. TNW, NDW, TTR의 산출 공식은 다음과 같다.

TNW = 화자별 총 어휘 빈도 수×100 / 화자별 총 발화 수
NDW = 화자별 어휘 목록 수×100 / 화자별 총 발화 수
TTR = NDW/TNW

2.1 초등학생의 TTR(어휘 다양도)

그간 초등학생의 어휘 능력 평가는 학교 교육과 연계되어 주로 지필식 평가로 이루어져 왔으며, 표현 능력보다는 이해 능력을 중심으로 하였다(이인섭 1981, 1986, 강충렬 1999).[19] 그리고 대부분 어휘 양에 대한 측정보다는 품사나 의미 분류에 초점을 두었다.

이 책에서는 초등학생의 표현 어휘 능력을 평가하는 데에 토대가 될 수 있는 지표인 초등학생의 'TNW(총 단어 수), NDW(개별 단어 수), TTR(어휘 다양도)'를 측정해 보았다.

---

19 초등학생을 대상으로 한 연구로는 우리말에 대한 학년별 어휘 발달 상황을 분석한 이인섭(1981, 1986), 강충렬(1999)의 연구가 있다. 이인섭(1981, 1986)에서는 초등학교 1~6학년 아동들의 기초어휘 파지력이 학년에 따라 어떻게 변화하는지를 조사하였고, 강충렬(1999)에서는 기초 어휘의 이해 발달 상황에 대해 조사하였다.

2.1.1 초등학생의 TNW(총 단어 수)

초등학생의 TNW에 대한 학년별·성별 평균을 정리한 표는 다음과 같다.

〈표 2.31〉 초등학생의 TNW의 평균

학년	남자		여자		합계	
	평균 (표준편차)		평균 (표준편차)		평균 (표준편차)	
1학년	311.4 (72.7)		347.4 (91.8)		329.4 (83.8)	
2학년	303.9 (87.7)		411.1 (137.7)		357.5 (126.2)	
3학년	353.0 (97.5)		401.1 (104.1)		377.0 (102.5)	
4학년	564.9 (218.5)		658.4 (197.4)		611.6 (210.9)	
5학년	419.3 (122.0)		596.5 (171.1)		507.9 (171.9)	
6학년	454.1 (123.5)		634.6 (249.7)		544.3 (214.8)	
전체	401.1 (156.2)		508.2 (206.4)		454.6 (190.3)	

초등학생의 TNW를 분석한 결과, 학년이 올라감에 따라 TNW의 값도 증가하는 것을 볼 수 있는데, 특히 4학년에서 급격한 증가가 일어나는 것을 확인할 수 있었다. 5학년의 TNW(507.9)가 4학년의 TNW(611.6)보다 감소하고 있지만 3학년의 값(377.0)보다는 증가한 값이어서 4학년을 제외하고는 학년이 올라감에 따라 증가하는 추세를 보인다고 하겠다. 성별에 따른 결과도 여자(508.2)가 남자(401.1)보다 높은 수치를 보이고 있으며, 학년별로 여자와 남자의 차이를 살펴보아도 전 학년에 걸쳐 여자가 남자보다 TNW가 높다.

위에서 제시한 TNW의 차이가 통계적으로 유의미한지를 알아보기 위해 *t*-test로 살펴보았다.

〈표 2.32〉 TNW에 대한 학년 집단 간 *t*- test 결과

변수1 변수2	2학년	3학년	4학년	5학년	6학년
1학년	.244	.026*	.000***	.000***	.000***
2학년		.450	.000***	.000***	.000***
3학년			.000***	.000***	.000***
4학년				.018*	0.161
5학년					0.405

* p 〈.05 ** p 〈.01 *** p 〈.001

1학년은 2학년과 차이가 없었고(*t*=-1.175, *p*=0.244), 3학년과는 유의미한 차이가 있는 것으로 나타난다(*t*=-2.278, *p*=0.026). 2학년은 3학년과는 유의미한 차이를 보이지 않고(*t*=-0.759, *p*=0.450), 4학년 이상과는 차이를 보인다(*t*=-6.328, *p*=0.000). 3학년은 4학년 이상과 유의미한 차이가 있었으며(*t*=-6.328, *p*=0.000), 4학년은 5학년과는 유의미한 차이가 있지만(*t*=2.411, *p*=0.018), 6학년과는 그렇지 않다(*t*=1.414, *p*=0.161). 5학년과 6학년 사이도 유의미한 차이를 지닌다고 볼 수 없다(*t*=-0.838, *p*=0.405). 이상을 종합해 보면, TNW는 1, 2, 3학년을 하나의 집단으로, 그리고 4, 5, 6학년을 하나의 집단으로 볼 수 있고, 저학년 집단과 고학년 집단 사이에 TNW가 증가한다고 보겠다. 성별에 따른 TNW의 차이도 유의미한 것으로 나타났다(*t*=4.532 *p*=0.000).

2.1.2 초등학생의 NDW(개별 단어 수)

화자별로 구한 NDW를 학년과 성별 변인에 따라 평균을 구한 결과는 다음과 같다.

〈표 2.33〉 초등학생의 NDW의 평균

학년	남자		여자		합계	
	평균 (표준편차)		평균 (표준편차)		평균 (표준편차)	
1학년	159.1	(29.6)	189.4	(37.6)	174.2	(36.7)
2학년	160.1	(33.1)	204.7	(46.6)	182.4	(45.9)
3학년	194.9	(49.1)	217.2	(42.8)	206.0	(46.8)
4학년	251.0	(65.8)	285.5	(58.6)	268.3	(63.9)
5학년	207.8	(42.1)	282.0	(46.3)	244.9	(57.6)
6학년	219.9	(38.0)	290.0	(51.0)	254.9	(56.8)
전체	198.8	(54.5)	244.8	(62.8)	221.8	(63.0)

위 표에서 전체 평균을 보면, 학년이 올라감에 따라 NDW가 점차적으로 증가하는 것을 확인할 수 있다. 특이한 점은 4학년에서 268.3으로 급격한 증가 현상을 보이다가 5학년에 244.9로 감소하는 추세를 보인다. 그러나 감소한 지점이 3학년의 206.0보다는 높아 학년이 올라갈수록 NDW는 증가한다고 볼 수 있다. 성별에 따른 결과를 보면, 전체 평균에서 여자가 244.8로 남자 198.8보다 높다. 각 학년별로도 여자가 남자보다 높은 수치를 보인다.

학년에 따른 차이가 통계적으로 의미 있는 차이인지를 검증하기 위해 t-test를 실시하였다.

〈표 2.34〉 NDW에 대한 학년 집단 간 t-test 결과

변수1 〳 변수2	2학년	3학년	4학년	5학년	6학년
1학년	0.383	0.001**	0.000***	0.000***	0.000***
2학년		0.025*	0.000***	0.000***	0.000***
3학년			0.000***	0.001**	0.000***
4학년				0.090	0.328
5학년					0.434

$* p < .05 ** p < .01 *** p < .001$

1학년은 2학년과는 유의미한 차이를 보이지 않고(t=-0.877, p=0.383), 3학년 이상과는 유의미한 차이를 보인다(t=-3.379, p=0.001). 2학년은 3학년 이상과 유의미한 차이를 보이고 (t=-2.281, p=0.025), 3학년은 4학년 이상과 유의미한 차이를 보였다(t=-4.965, p=0.000). 그러나 4학년은 5학년과 유의미한 차이를 지닌다고 할 수 없고(t=1.718, p=0.090), 6학년과도 그러하다 (t=0.985, p=0.328). 5학년도 6학년과는 유의미한 차이를 보이지 않는다(t=-0.786, p=0.434). 이에 근거하면 초등학생의 NDW는 1, 2학년을 하나의 집단으로 볼 수 있고, 3학년을 하나의 집단, 그리고 4, 5, 6학년을 또 하나의 집단으로 볼 수 있다. 그리고 이들 집단 간의 차이는 저학년부터 꾸준히 증가한다고 정리해 볼 수 있겠다. 성별에 따른 NDW의 차이가 통계적으로 유의미한지를 검정한 결과는 의미 있는 것으로 나타났다(t=6.065 p=0.000).

2.1.3 초등학생의 TTR(어휘 다양도)

앞에서 분석한 TNW(총 단어 수)와 NDW(개별 단어 수)에 근거하여, 사용된 총 단어 중에서 다른 단어의 비율을 산출하는 TTR(어휘 다양도)를 보기로 한다.

〈표 2.35〉 초등학생의 TTR의 평균

학년	남자		여자		합계	
	평균	(표준편차)	평균	(표준편차)	평균	(표준편차)
1학년	.525	(.094)	.559	(.079)	.542	(.087)
2학년	.540	(.075)	.516	(.081)	.528	(.078)

학년	남자		여자		합계	
	평균	(표준편차)	평균	(표준편차)	평균	(표준편차)
3학년	.560	(.072)	.551	(.058)	.556	(.065)
4학년	.463	(.067)	.451	(.070)	.457	(.068)
5학년	.508	(.063)	.489	(.078)	.498	(.070)
6학년	.497	(.071)	.487	(.085)	.492	(.077)
전체	.515	(.079)	.509	(.083)	.512	(.081)

초등학생들의 TTR을 살펴본 결과, 저학년은 평균 0.5가량의 TTR을 보였고, 고학년은 0.4가량의 TTR을 보였다. 초등학생의 TTR을 측정해 본 결과, 초등학생은 학년에 따른 TTR의 증가 양상을 볼 수 없었다. 그리고 TNW와 NDW와는 달리, 전체적으로 남학생이 여학생보다 TTR이 높게 나타났다.

학년에 따른 차이가 통계적으로 유의미한지를 검증하기 위해 t-test를 실시하였다.

〈표 2.36〉 TTR에 대한 학년 집단 간 t-test 결과

변수1 변수2	2학년	3학년	4학년	5학년	6학년
1학년	.461	.428	.000***	.015*	.008**
2학년		.091	.000***	.072	.039*
3학년			.000***	.000***	.000***
4학년				.009**	.034*
5학년					.704

$* p < .05 ** p < .01 *** p < .001$

t-test 결과 저학년(1, 2, 3학년)과 고학년(4, 5, 6학년) 사이에 유의미한 차이가 나타났다. 4학년은 1, 2, 3학년과 매우 유의미한 차이를 보였고, 5학년과 6학년은 특히 3학년과 매우 유의미한 차이를 나타냈다.

2.2 중 · 고등학생의 TTR(어휘 다양도)

다음으로 중 · 고등학생의 'TNW(총 단어 수), NDW(개별 단어 수), 두 대비를 통한 TTR(어휘 다양도)'를 살펴보기로 한다.

2.2.1 중 · 고등학생의 TNW(총 단어 수)

중 · 고등학생들을 피험자별로 TNW를 분석한 다음, 이를 근거로 학년별 평균을 산출하였다. 각 학년별 TNW는 다음과 같이 나타났다.

〈표 2.37〉 중 · 고등학생의 TNW의 평균

학년	남자		여자		합계	
	평균	(표준편차)	평균	(표준편차)	평균	(표준편차)
중 1	532.8	(133.4)	597.2	(99.5)	565.0	(120.3)
중 2	506.8	(133.4)	545.4	(160.6)	526.1	(146.5)
중 3	512.3	(112.8)	530.4	(183.1)	521.4	(149.8)
고 1	430.8	(130.7)	429.1	(111.5)	429.9	(119.5)
고 2	361.4	(73.7)	421.2	(106.5)	391.3	(95.0)
고 3	377.7	(54.4)	400.2	(75.7)	388.9	(65.8)
전체	453.6	(127.5)	487.3	(145.2)	470.5	(137.3)

위의 표에 제시된 바와 같이, 학년별 평균으로 산출된 TNW는 중학교 1학년이 565로 나타났고, 중학교 2학년이 526.1, 중학교 3학년이 521.4로 나타났다. 고등학생의 TNW는 1학년이 429.9, 2학년이 391.3, 3학년이 388.9로 나타났다. 그리고 중학생과 고등학생

의 TNW 전체 평균은 470.5로 나타났다. 이들 자료에 의하면,
TNW는 고학년으로 갈수록 그 수가 점점 감소하는 것으로 파악된
다. 성별을 비교해 보면, 여자가 남자보다 전체적으로 높은 수치
를 보인다.

각 학년별 TNW는 계량적인 수치에 차이가 있다. 이러한 수치
의 차이가 통계적으로 유의미한지 t-test를 실시하였다.

〈표 2.38〉 TNW에 대한 학년 집단 간 t-test 결과

변수1 변수2	중 2	중 3	고 1	고 2	고 3
중 1	.250	.203	.000***	.000***	.000***
중 2		.899	.006**	.000***	.000***
중 3			.009**	.000***	.000***
고 1				.157	.094
고 2					.909

***$p < .001$, **$p < .01$, *$p < .05$

위의 표에서 볼 수 있듯이, 중학교 학년 간에 그리고 고등학교 학
년 간에는 TNW의 계량적인 차이가 유의미한 것이 되지 못하는 것
으로 나타난다. 그러나 중학생과 고등학생의 학년 사이, 즉 중학교
1학년과 고등학교 1, 2, 3학년 간, 중학교 2학년과 고등학교 1, 2,
3학년 간, 중학교 3학년과 고등학교 1, 2, 3학년 간에는 계량적인
차이가 유의미한 것으로 나타난다.

위에서와 같은 유의미한 차이가 파악되었기 때문에 중학생 집단
과 고등학생 집단 사이에 유의미한 차이가 있을 것으로 예상되어,
학년별 비교에서 더 나아가 전체 중학생과 전체 고등학생으로 이분
하여 비교해 보았다. 중학생과 고등학생의 TNW는 다음 표와 같다.

〈표 2.39〉 중학생과 고등학생의 TNW

단계	남자	여자	총계
	평균 (표준편차)	평균 (표준편차)	평균 (표준편차)
중학생	517.3 (124.7)	557.7 (151.4)	537.5 (139.4)
고등학생	390.0 (94.9)	416.8 (97.8)	403.4 (96.9)
전체	453.6 (127.5)	487.3 (145.2)	470.5 (137.3)

분석 결과를 보면, 중학생의 TNW 평균은 537.5이고 고등학생은 403.4이다. TNW에 있어서, 중학생이 고등학생보다 약 130 이상의 많은 단어 사용 양상을 보인다. 이러한 수적인 차이는 t-test로 살펴보면, t=7.737, p=.000(*p<.05)으로 매우 유의미한 것으로 이해된다.

중·고등학생 집단은 학년별 변인 이외에 성별 요인으로 특성화해 볼 수도 있다. 언어 연구에서는 성별에 따른 차이가 드러나는 경우들이 있기 때문에 TNW에 대해서도 성별에 따른 차이를 살펴보았다.[20] 위에 제시된 분석 결과에 의하면, 중학생의 경우 TNW가 여자는 557.7, 남자는 517.3으로 나타난다. 그리고 고등학생의 경우는 여자가 416.8, 남자가 390이다. 전체 집단을 대상으로 하여도 여자가 487.3, 남자가 453.6으로 여자의 TNW가 남자보다 높게 나타난다. 따라서 우리나라 중·고등학생의 계량적인 TNW는 여학생이 남학생에 비해 높은 경향을 지닌다.

---

[20] 언어 발달 측면에서는 연령과 더불어 성별 변인이 매우 중요하게 작용하는 것으로 파악되고 있다. 어휘에 있어서도 여아가 남아보다 빠른 발달을 보이고(조성문·전은진: 2004), 5-19세의 발화 길이 조사에서도 17세를 제외한 모든 연령 집단에서 여자가 남자에 비해 MLU가 길게 나타나고 있다(김태경 외 2006). 그리고 상호작용성에 대한 연구에서도 여학생이 남학생보다 자기정보탐색, 발화 내용확인 기능 등에서 높은 빈도를 보이고 있다(김정선·장경희 2004).

남녀 학생의 계량적인 차이가 유의미한 차이인가를 검증하기 위하여 두 집단 사이의 t-test를 실시하였다. 그 결과 중학생은 t=1.427, p=.157로 유의미하지 않았고, 고등학생도 t=1.364, p=.176으로 유의미하지 않은 것으로 나타났다. 그리고 전체 집단을 대상으로 한 성별 차이도 t=1.705, p=.090으로 유의미하지 않은 것으로 나타났다. 지금까지 분석한 결과를 종합해 보면, 청소년기에는 남녀 간의 TNW의 차이는 차이로 인정할 만한 유의미성을 지니지 않는다고 하겠다.

이상과 같이 TNW는 중학생과 고등학생 사이에서 매우 유의미한 차이가 있음을 살펴보았다. 중학생과 고등학생의 TNW의 차이를 NDW와 TTR과 관련지으면서 이해하여 보기로 한다.

2.2.2 중 · 고등학생의 NDW(개별 단어 수)

중 · 고등학생을 대상자별로 NDW를 산출한 다음, 학년별로 평균을 산출하였다. 각 학년별 NDW는 다음과 같다.

〈표 2.40〉 중 · 고등학생의 NDW의 평균

학년	남자	여자	합계
	평균 (표준편차)	평균 (표준편차)	평균 (표준편차)
중 1	250.6 (51.9)	267.6 (31.0)	259.1 (42.9)
중 2	247.9 (40.4)	276.4 (37.2)	262.1 (40.9)
중 3	258.9 (54.6)	264.8 (60.1)	261.9 (56.6)
고 1	219.8 (40.8)	212.2 (31.1)	215.9 (35.9)
고 2	214.1 (28.4)	240.4 (33.9)	227.3 (33.5)
고 3	222.3 (21.6)	223.3 (23.9)	222.8 (22.4)
전체	235.6 (43.8)	247.4 (44.1)	241.5 (44.2)

위의 분석 결과에 의하면, 중학생의 평균 NDW는, 1학년은 259.1, 중등 2학년은 262.1, 중등 3학년은 261.9이다. 고등학생의 NDW 평균은, 1학년은 215.9, 고등 2학년은 227.3, 고등 3학년은 222.8이다. 그리고 중·고등학생 전체의 NDW 평균은 241.5로 분석되었다. 분석 결과를 보면, 학년별 NDW의 차이는 크지 않으며 중학생이 고등학생보다 NDW가 많다. 성별을 비교해 보면, 여자가 남자보다 전체적으로 높은 수치를 보인다.

각 학년별 NDW 평균값에서 관찰되는 차이가 유의미한 것인가를 살펴보기 위해 두 집단별 t-test를 실시하였다.

〈표 2.41〉 NDW에 대한 학년 집단 간 t-test 결과

변수1 변수2	중 2	중 3	고 1	고 2	고 3
중 1	.773	.826	.000***	.002**	.000**
중 2		.983	.000***	.000***	.000***
중 3			.000***	.004**	.001**
고 1				.199	.368
고 2					.530

$***p < .001, **p < .01, *p < .05$

위의 표에서 보면, 중학생의 학년 간에 그리고 고등학생의 학년 간에서는 NDW의 계량적인 차이가 유의미하지 않음을 알 수 있다. 반면에 중학생과 고등학생의 학년 사이, 즉 중학교 1학년과 고등학교 1, 2, 3학년 사이, 중학교 2학년과 고등학교 1, 2, 3학년 사이, 중학교 3학년과 고등학교 1, 2, 3학년 간에는 계량적인 차이가 의미를 지니는 것으로 나타났다.

위와 같이 학년 사이에서 나타나는 유의미한 차이들을 근거로 미루어 볼 때, NDW에 있어서도 중학생 집단과 고등학생 집단 사이에 유의미한 차이가 있을 것으로 예측된다. 학년별 비교에서

더 나아가 전체 중학생과 전체 고등학생으로 이분하여 NDW를 비교해 보았다.

〈표 2.42〉 중학생 집단과 고등학생 집단의 NDW

단계	남자	여자	총계
	평균 (표준편차)	평균 (표준편차)	평균 (표준편차)
중학생	252.4 (48.5)	269.6 (43.9)	261.0 (46.8)
고등학생	218.7 (30.8)	225.3 (31.5)	222.0 (31.2)
전체	235.6 (43.8)	247.4 (44.1)	241.5 (44.2)

중학생 집단과 고등학생 집단의 NDW는 중학생은 261, 고등학생은 222이다. 중학생이 고등학생보다 약 40개의 NDW가 더 많다. 이러한 차이는, t-test 분석에 따르면, t=6.797, p=.000으로 매우 유의미한 것으로 해석된다. 즉 중학생은 고등학생에 비해 보다 많은 수의 다른 단어들을 사용한다고 보겠다.

　유의한 차이를 보인 중학생과 고등학생을 기준으로 성별에 따른 조사를 해 보았다. 먼저 중학생과 고등학생으로 나누어 성별에 따른 NDW를 조사하였는데, 중학생의 NDW는 여자가 269.6, 남자가 252.4로 분석되었다. 고등학생의 경우는 여자가 225.3, 남자가 218.7이다. 조사 대상자 전체 집단의 성별에 따른 NDW 평균은, 여자가 247.4, 남자가 235.6으로 여학생의 NDW가 남학생보다 많다. 이 분석에 의하면, 중학생과 고등학생의 두 집단 모두 여학생의 NDW가 남학생보다 더 많다.

　이러한 계량적 차이가 유의미한 것인지를 검증하기 위하여 두 집단 간 t-test를 실시하였다. 그 결과, 여자 중학생과 남자 중학생 간의 차이는 t=1.818, p=.072로 유의미한 영역에 들지 않았다. 여자 고등학생과 남자 고등학생 간의 차이도 t=1.026, p=.307로 유의미한 영역이 아닌 것으로 나타났다. 또한, 전체 집단의 성별 차이도 $t=1.868$, $p=.063$으로 유의한 영역에 들지 않는다. 즉 청소년기에는 성별에 의한 NDW의 차이가 없는 것으로 나타났다.

이상과 같은 NDW 분석을 통하여 우리는 중학생이 고등학생보다 더 다양한 단어를 사용하고 있다고 생각할 수 있다. 앞의 TNW에 대한 분석에서 중학생이 고등학생보다 높은 값을 보였기 때문에 NDW의 빈도에서도 중학생이 더 높은 수치를 보인 것은 자연스러운 현상이다.

그러나 TNW와 NDW의 크기가 중학생과 고등학생의 언어 능력이나 어휘력과 반드시 정비례한다고 해석할 수는 없다. TNW 대 NDW의 비율의 관점에서 단어 수의 가치를 분석해 보는 TTR 측정이 필요한 시점이다.

2.2.3 중·고등학생의 TTR(어휘 다양도)

앞에서 분석된 TNW(총 단어 수)와 NDW(개별 단어 수)에 근거하여, 사용된 총 단어 중에서 개별 단어의 비율을 산출하는 TTR(어휘 다양도)를 분석하였다.

〈표 2.43〉 중·고등학생의 TTR의 평균

학년	남자	여자	합계
	평균 (표준편차)	평균 (표준편차)	평균 (표준편차)
중 1	.476 (.039)	.454 (.050)	.465 (.046)
중 2	.501 (.067)	.529 (.090)	.515 (.079)
중 3	.508 (.040)	.520 (.084)	.514 (.065)
고 1	.531 (.088)	.510 (.075)	.520 (.081)
고 2	.603 (.079)	.588 (.084)	.595 (.081)
고 3	.595 (.065)	.567 (.057)	.581 (.062)
전체	.536 (.080)	.528 (.085)	.532 (.082)

중학생의 경우, 어휘 다양도가 1학년이 .465, 2학년이 .515, 3학년이 .514로 나타난다. 고등학생의 경우는 1학년이 .520, 2학년이 .595, 3학년이 .581이다. 그리고 중학생과 고등학생의 TTR 전체 평균은 .532이다. 중학생과 고등학생이 모두 학년이 높아질수록 TTR이 증가하는 경향을 보인다. 다만 중학교 3학년과 고등학교 3학년에서는 TTR이 감소하고 있다.

성별에 따른 차이를 보면, 학년이 높아질수록 전체적으로 증가하는 양상을 보인다. 흥미 있는 것은 중학생의 경우 중 2, 3학년은 여자가 높은 수치를 보였고, 고등학생은 전 학년 모두 남자가 높은 수치를 보였다.

종합적으로는 고등학생이 중학생보다 더 높은 TTR을 보인다. 고등학생은 중학생보다 사용한 총 단어 중에서 다른 단어를 사용하는 비율이 높은 것이다. 이것은 앞에서 TNW나 NDW가 중학생이 높았던 것과는 반대가 되는 현상으로 매우 중요한 의미를 지닌다. 따라서 TTR 분석에서 보이는 차이가 지니는 유의미성을 검토하기 위하여 t-test를 실시하였고 그 결과는 다음과 같다.

⟨표 2.44⟩ TTR에 대한 학년 집단 간 *t*-test 결과

변수1 변수2	중등 2	중등 3	고등 1	고등 2	고등 3
중 1	.003**	.001**	.001**	.000***	.000***
중 2		.964	.782	.000***	.000***
중 3			.729	.000***	000***
고 1				.000***	.001**
고 2					.416

*** *p* ⟨.001, ** *p* ⟨.01 *_p_* ⟨.05

위의 분석 결과에 의하면, 중학교 1학년은 중학교 2, 3학년, 고등
학교 1, 2, 3학년 모든 집단과 유의미하고, 중학교 2학년은 고등
학교 2학년, 3학년과 유의미하며, 중학교 3학년은 고등학교 2학
년, 3학년과 유의미하다. 고등학교 1학년은 고등학교 2학년, 3학
년과 유의미하다. 이와 같은 *t*-test 분석에 따르면, 중학교 2학년
과 3학년 간, 고등학교 2학년과 3학년 간에는 유의미한 차이를
나타내지 않았으므로 표에서 볼 수 있는 중학교 3학년과 고등학
교 3학년 학생의 TTR의 감소 현상은 통계적으로 유의하지 않은
것으로 파악된다.
　다음은 중학생과 고등학생을 두 집단으로 구분하여 TTR을 조
사하였다.

⟨표 2.45⟩ 중학생 집단과 고등학생 집단의 TTR

단계	남자 평균 (표준편차)	여자 평균 (표준편차)	총계 평균 (표준편차)
중학생	.495 (.051)	.501 (.082)	.498 (.068)
고등학생	.576 (.083)	.555 (.079)	.565 (.081)
전체	.536 (.080)	.528 (.085)	.532 (.082)

중학생과 고등학생으로 나누어 분석한 결과, 중학생 TTR은 .498, 고등학생은 .565로 나타났다. 고등학생이 중학생보다 약 .067이 더 높게 나타났다. 그리고 이러한 TTR 차이에 대한 t-test 결과는 t=-6.247, p=.000으로 매우 유의미한 것으로 나타났다. 중학생에서 고등학생으로 올라가면 총 단어 가운데 NDW가 차지하는 비율이 유의미하게 증가한다. 이것은, TNW(총 단어수)와 NDW(개별 단어 수)에 있어서는 중학생이 고등학생보다 많지만, 비율로 환산해서 TTR(어휘 다양도)를 따지면, 고등학생이 중학생보다 더 다양한 어휘를 사용하고 있음을 말해 준다.

유의한 차이를 지닌 것으로 파악된 중학생 집단과 고등학생 집단으로 구분하여 성별에 따른 TTR을 분석하였다. 중학생의 경우는 여자가 .501, 남자가 .495로 여자가 더 높은 TTR을 보이고 있으며, 고등학생은 여자가 .555, 남자가 .576으로 남자가 더 높은 TTR을 보인다. 전체 집단을 성별 기준으로 살펴보면, 여자가 .528, 남자가 .536으로 나타난다.

성별 변인에 의한 차이를 비교하기 위해서 t-test를 실시하였는데, 그 결과 여자 중학생과 남자 중학생 간의 차이는 유의미하지 않았다(t=.439, p=.662). 여자 고등학생과 남자 고등학생 간의 차이도 t=-1.295, p=.198로 유의미한 차이가 아니다. 그리고 전체 집단을 대상으로 한 결과에서도 t=-.641, p=.522로 유의한 차이를 보이지 않았다. 즉 TTR에서도 성별 변인에 의한 차이는 없는 것으로 결론지을 수 있겠다.

2.3 요약

지금까지 초등학생과 중·고등학생을 대상으로 TNW(총 단어 수), NDW(개별 단어 수), TTR(어휘 다양도)를 살펴보았다. 먼저 초등학생의 분석 결과를 살펴보면, 학년별 TNW와 TTR의 경우는, 1, 2, 3학년과 4, 5, 6학년으로 집단 구분이 되었으며, NDW의 경우는 1, 2학년과 3학년과 4, 5, 6학년으로 집단 구분이 되었다. 이를 통해 우리가 추론해 볼 수 있는 사실은 다음과 같다.

첫째, 1, 2, 3학년이 비록 산출한 총 어휘 수에서는 차이가 없을지라도 1, 2학년보다 3학년이 더 다양한 어휘를 사용하고 있다는 사실이다. 그리고 4, 5, 6학년은 산출하는 총 어휘 수에서도 차이가 없고, 표현 어휘의 다양성 측면에서도 차이가 없었다.

둘째, 위의 결과를 통해 볼 때, 학년에 따라 어휘 수가 꾸준히 증가하는 것이 아니라 발달 속도 면에서 차이가 있다는 것을 추론할 수 있다. 이는 어휘 능력이 학년 단위로 일정한 속도로 발달하는 것이 아니라 완급이 있다는 점을 시사하고 있으며, 4학년이 어휘 능력 발달에 중요한 시점임을 보여준다.

다음으로 성별에 따른 결과를 살펴보면, TNW와 NDW 모두 여학생이 남학생보다 높게 나타났는데, 이는 여학생이 남학생보다 더 많은 어휘를 사용하고 있다는 것을 말해 준다. 그러나 TNW와 NDW의 대비를 통한 TTR에서는 남학생이 여학생보다 더 높은 수치를 보여, 남학생이 여학생보다 어휘를 더 다양하게 사용하고 있다는 것을 확인할 수 있었다.

중·고등학생의 결과를 보면, TNW와 NDW에서는 중학생이 고등학생보다 더 높은 수치를 나타냈다. 그러나 TTR은 TNW와 NDW의 분석에서와는 상이한 결과를 보여 주었다. 고등학생의

TTR이 중학생보다 더 높게 나타난 것이다. TTR 분석 결과를 앞
의 TNW와 NDW 분석과 더불어 해석해 보면, 같은 수의 발화에
서 중학생은 고등학생보다 더 많은 단어를 사용하지만, 사용한
TNW와 NDW의 비율로 환산해 보면 고등학생의 TTR이 더 높다
는 결론에 이르게 된다. 성별에 따라 보면, 단순 집계 결과에서는
약간의 차이가 있었으나, 통계적으로 유의미하지는 않았다.

　TNW와 NDW는 자료의 성격이나 분석자의 기준 등에 따라 어
느 정도 영향을 받을 수 있다. TNW(총 단어 수)와 NDW(개별
단어 수)의 대비로 측정되는 TTR(어휘 다양도)는 계량적인 수치
를 넘어서 비율로 환산된다. 따라서 어휘력이나 표현력을 측정하
는 데 보다 객관적인 척도로 활용될 수 있다.

참고문헌

강충열(1999). "초등학교 1~6학년 아동의 기초 어휘 이해 발달 상황," 한국심리학회지: 발달 12-2, pp. 1-10.

고영근·구본관(2008). 우리말 문법론, 집문당.

구현정(2005). "말뭉치 바탕 구어 연구," 언어과학 연구 32, pp. 1-20.

국립국어원(2002). 현대국어 사용빈도 조사, 국립국어원.

권경안(1980). "한국 아동의 언어 발달 연구: 음운 발달 및 어휘 발달을 중심으로," 한국교육개발원.

김광해(2003). 등급별 국어교육용 어휘, 박이정.

김영태(1995). 그림 어휘력 검사, 서울장애인복지관.

김영태(1997). "한국 2~4세 아동의 발화 길이에 관한 기초 연구," 말—언어장애연구 2, pp. 5-26.

김영태(1998). "한국 2~3세 아동 문장의 의미론적 분석," 언어청각장애연구 3, pp. 20-34.

김정선·장경희(2004). "초등학생 대화에서 관찰되는 질문의 기능과 발달 양상," 국어교육 115, 한국국어교육연구학회, pp. 157-184.

김태경 외(2006). "연령 및 성별 변인과 MLU의 상관관계 연구," 국제어문 38, 국제어문학회, pp. 107-124.

김태경·김정선·최용석(2005). "구어 주석 코퍼스 구축을 위한 발화 단위 연구," 한국언어문화 28, pp. 5-25.

박석준·남길임·서상규(2003). "대학생 구어 텍스트에서의 조사·어미의 분포와 사용 양상에 대한 연구," 텍스트언어학 14, pp. 139-167.

서상규(1998). "말뭉치 분석에 기반을 둔 낱말 빈도의 조사와 그 응용," 한글 242, 한글학회, pp. 225-270.

신지연(1998). 국어 지시 용언 연구, 태학사.

유필재(1994). "발화의 음운론적 분석에 대한 연구," 서울대학교 석사학위논문.

이관규(2002). 개정판 학교문법론, 월인.

이상금 외(1972). "3, 4, 5세 아동의 회화에 나타난 어휘 조사," 이화여
대 한국문화연구소 논총 22, pp. 337-427.

이성연(2007). "남북한 중학교 1학년 국어 교과서의 어휘 분포," 새국어
교육 77. pp. 553-582.

이연섭 외(1980). "한국 아동의 어휘 발달 연구(Ⅰ)," 한국교육개발원.

이윤경·김영태(2000). "자발화 분석을 통한 중고도 청각장애 아동과 정
상아동의 어휘다양도 비교," 재활복지 4, 한국장애인재활협회, pp.
121-133.

이인섭(1976). "유아 어휘," 서울여대논문집 5, pp. 17-45.

이인섭(1986). 아동의 언어발달, 개문사.

이필영·김정선(2008). "초등학생의 구어에 나타난 어휘 빈도와 분포도
조사," 국어교육학 연구 33, pp. 557-595.

이필영·김정선(2008). "초등학생의 표현 어휘 능력 연구," 청람어문교
육 38, pp. 219-237.

이희정(1999). "정상 아동과 언어 발달 지체 아동의 발화 길이와 어휘
다양도 비교," 이화여자대학교 석사학위논문.

임유종·이필영(2004). "한국 초·중·고등학생의 발화에 나타난 연결 표
현 발달 단계," 텍스트언어학 17, 한국텍스트언어학회, pp. 173-200.

임지룡(1991). "국어의 기초어휘에 대한 연구," 국어교육연구 23, 국어
교육학회, pp. 87-131.

임칠성(1993). "중학생 일상 어휘의 계량적 고찰," 호남문화연구 22, 전
남대학교 호남문화연구소, pp. 65-94.

임칠성(1997). "연령층별 성별 어휘 사용의 계량적 고찰," 새국어교육
54. 한국국어교육학회, pp. 253-276.

임칠성(2002). "초급 한국어 교육용 어휘 선정 연구," 국어교육학연구
14, 국어교육학회, pp. 355-385.

장경희 외(2005). "한국인의 의사소통 능력 발달 단계에 관한 연구 결
과 보고서," 한양대학교 한국교육문제연구소.

장경희(2006). 말하기능력 측정도구 개발 1, 국립국어원.

장경희·전은진(2008). "중·고등학생의 어휘 다양도 연구," 의미학 27, 한국어 의미학회, pp. 225-242.

장영희(2000). "20대 남녀 사용 어휘의 대비적 고찰," 화법연구, pp. 93-115.

전영옥(2003). "한국어 억양 단위 연구," 담화와 인지 10-1, pp. 241-265.

전은진·장경희(2007). "오류 분석에 근거한 한국인의 의사소통 능력 평가 기준," 텍스트언어학 23, 한국텍스트언어학회, pp. 155-175.

정분선(2000). "언어 샘플 수집 간 문법 형태소, 평균발화길이, 어휘 다양도 비교 연구," 대구대학교 석사학위논문.

정분선·권도하(2000). "언어샘플 수집 방법 간 평균발화길이와 어휘다양도에 관한 비교 연구," 언어치료연구 9, 한국언어치료학회, pp. 1-25.

조성문·전은진(2004). "남녀 유아의 어휘 발달 연구," 한국언어문화 25, 한국언어문화학회, pp. 157-181.

지현숙(2007). "한국어 구어 문법 교육을 위한 과제 기반 교수법," 국어교육연구』, 20, pp. 247-270.

최용석·전은진(2009). "중·고등학생의 어휘 사용에 관한 연구," 국어교육연구 45, pp. 287-320.

Anglin, J. M.(1993). "Vocabulary development: A morphological analysis," *Monographs of the Society for Research in Child Development* 58.(No.10).

Barrett, M.(1995). "Early lexical development", In P. Fletcher & B. MacWhinney(eds.), *The handbook of child language,* Oxford: Blackwell.

Goldfield, B. A & Reznick, J. S.(1990). "Rapid change in lexical developmentin comprehension and production," *Developmental Psychology* 28-3, pp. 406-413.

Hawkins. E.(1987), *Awareness of Language:* An Introduction, Cambridge University Press.

Hughes, R.(2002). *Teaching and Researching Speaking,* New York: Longman.

Miller, J. F. & Chapman, R. S.(1990). *Systematic analysis of language transcripts(SALT).* Madison, WI: University of Wisconsin Waisman Center.

Miller, J. F.(1991). "Quantifying productive language disorders", In J. F. Miller(ed.), *Research on Child Language Disorders: A Decade of Progress,* Austin.

Owens, R. E.(1995). *Language disorders.* Needham Heights, MA: Simon & Schuster Company.

Rescorla, L. A.(1980). "Overextension in early language development," *Journal of Child Language* 7.

Templin, M.(1957). *Certain Language Skills in Children,* Minneapoli s : Univ. of Minnesota Press.

Torrance, E. P.(1969). "Discontinuities in creative development", In E. P. Torrance & W. F. White(eds.). *Issues and advances in educational psychology,* Itasca, IL : F. E. Peacock Publishers, Inc.

문장·텍스트 구성 능력 발달

구어 능력 발달 연구

문장·텍스트 구성 능력 발달

구어에서 사용되는 문장의 길이는 그 사용자의 표현 언어 발달 수준과 관련이 있다고 보는 것이 일반적이다. 특히, 초기 언어 발달 단계에서 발화 길이는 발달 수준의 진단 도구로 사용되고 있다. 유아 언어 발달에 관한 선행 연구들에 따르면, 대개 생후 일년을 전후하여 한 단어로 된 문장이 출현하기 시작하며 17~24개월 사이에 두 단어가 조합된 전보문이 출현한다. 초기의 문장은 주로 어휘 형태소 중심의 단순문으로 나타나다가 점차 문법 형태소를 습득하여 복문이 사용되는데, 대략 4~5세 정도면 피동문, 사동문, 부정문 등 다양한 문장을 구성할 수 있게 된다(이인섭 1986, 이현진 외 공역 2001). 이후 학령기를 거치며 유아기 때 습득한 문장 구성 능력은 문법 형태 사용과 문장 구조 면에서 괄목할 만한 변화를 보이게 된다.

문장 구성 능력의 발달과 함께 텍스트 구성에서도 변화가 나타나는데, 아동은 어떤 수행 목적을 달성하기 위해 둘 이상의 문장들을 결합하여 하나의 텍스트를 구성할 수 있게 된다. 아동은 문장 산출 이전부터 성인과 상호작용하며 비교적 단순한 형태의 대화 텍스트를 구성할 수는 있으나, 아동 스스로 문장을 확장하여 일정한 주제를 가진 연속체를 산출하는 능력은 문장 구성 능력이 일정 부분 습득된 이후에 발달한다. 대략 3~4세 정도가 되면 결속 형식을 사용하여 문장을 연결할 수 있는 능력을 습득하는 것으로 알려져 있다(Nelson 1986, Carroll 1994). 이와 같이 여러

개의 문장을 연결하여 하나의 텍스트를 구성하는 것은 한 문장만
으로 어떤 의도를 전달하는 것보다 훨씬 더 복잡하고 많은 능력
을 필요로 한다.

　문장·텍스트 구성에 관한 기존 논의는 크게 질적 접근 방식과
양적 접근 방식으로 나누어 볼 수 있다. 문법 형태소의 습득 시
기, 문법 범주별 출현 형태소 목록, 내러티브 산출에서 보이는 결
속 형식, 결속 구조 등에 관한 논의는 문장·텍스트 구성 능력에
대한 질적인 관점에서의 접근에 속한다. 반면, 한 문장이 몇 개의
형태소 또는 어절로 구성되는가, 하나의 말차례가 몇 개의 발화
로 구성되는가를 측정하여 연령별 규준과 비교하는 일은 양적 접
근에 속한다. 문장·텍스트를 일정 분량 이상 만들어 나가는 능
력은 표현 언어 발달 정도를 가늠하는 주요 지표가 될 수 있다.
각각의 구성 요소들을 결합하여 복잡하고 긴 문장과 텍스트를 구
성하려면 연결어미와 전성어미, 대용 표현, 접속사 등 문법 요소
에 대해 습득이 이루어져야 하고, 하나의 주제를 중심으로 내용
이 결속성을 지니도록 하는 능력이 갖추어져야 하기 때문이다.

　이 장에서는 아동의 문장 구성 능력과 텍스트 구성 능력을 양
적인 측면에서 살펴볼 것이다. 문장 단위에서는 아동의 문장 구성
능력 발달 수준을 진단하는 방법으로 가장 널리 사용되는 평균
발화 길이(MLU: Mean Length of Utterance)의 변화 과정을 알아
본다. 평균 발화 길이는 한 문장(발화)을 평균 몇 개의 어절로 구
성하는지를 측정하는 것으로, 이 책에서는 5세 이후에 일어나는
변화 양상에 중점을 두어 살펴볼 것이다. 텍스트 구성 능력은 다
양한 화행 수행 과정을 통해 알아볼 수 있지만, 이 책에서는 특히
진술 화행에 나타난 확장 발화 수를 중심으로 한 발달 과정을 다
룰 것이다. 진술 화행의 주된 기능인 주장은 하나의 발화로 수행
하는 것보다 근거 등을 제시하며 여러 발화로 수행하는 것이 보

다 효과적이다. 이 책에서는 진술의 수행성을 강화하기 위해 하나
의 말차례 안에서 동일 주제를 구성하며 확장되는 진술 화행의
수행 양상을 초등학생부터 고등학생 단계에 걸쳐 알아본다.

1. 평균 발화 길이*

　평균 발화 길이(MLU: Mean Length of Utterance)는 개별 화자
의 각 발화(문장) 속에 포함된 형태소나 낱말 또는 어절 수의 평
균을 구한 것으로, 문법 발달 및 표현 언어 발달의 일반적인 지
표로 사용되어 왔다. 또한 언어 장애를 진단하고 연구 대상 집단
을 설정하는 데 있어 통제 및 실험 집단을 구분하는 기준으로도
흔히 활용된다.

　평균 발화 길이를 문법 발달의 척도로 사용할 것을 제안한 것
은 Brown(1973)에서이며, 이후 Rondal & Defays(1978), Miller &
Chapman(1981), Dethorne et al.(2005) 등의 연구에 의해 더욱
확장되고 체계화되었다. 평균 발화 길이와 연령의 상관관계를 분
석한 Miller & Chapman(1981)에서는 123명의 17~59개월 아동들
에게서 MLU와 연령 간에 매우 높은 상관관계가 있음을 발견하고
3개월 간격으로 1;5~4;11세 연령에 대한 MLU 예측표를 제시하였
다. 그러나 성별이 고려되지 않았고 단계별로 자료 수가 불규칙
하다는 한계가 지적되고 있다. Rondal(1978)에서는 4세까지 평균
발화 길이와 연령 사이에 높은 상관관계가 관찰되었으나 그 이후
에는 변화가 심한 것으로 보고된 바 있다. 이와 같이 평균 발화
길이가 초기 언어 발달 단계에서 표현 언어 발달의 척도가 될 수

---

* 이 절의 내용은 김태경·이필영·장경희(2006) "연령 및 성별 변인과 MLU의
　상관관계 연구"(국제어문 38집)의 논문 내용을 바탕으로 한 것이다.

있다는 데에는 많은 학자들이 동의하지만, 그 상관 연령의 한계 및 유의한 차이가 나타나는 연령 간격에 대해서는 아직 논란이 있다.

MLU가 문법 발달뿐 아니라 표현 언어 발달 전반과 관련된다는 견해는 Dethorne et al.(2005)에서 볼 수 있다. Dethorne et al.(2005)에서는 MLU와 표현 어휘의 척도인 NDW(Number of Different Words) 간의 상관관계를 밝히고 MLU를 측정함으로써 표현 어휘력을 상당 부분 설명할 수 있다고 주장하였다.[22] 이에 따르면 MLU는 일반적 언어 능력과 조화되므로 형태통사론적 능력의 진단 도구로서뿐 아니라 표현 언어 전반에 대한 총체적인 진단 도구로도 유용하다.

이와 같은 MLU의 유용성에도 불구하고 한국어를 대상으로 한 평균 발화 길이의 분석 연구는 거의 이루어지지 못해서 아직까지 외국어에 대한 분석 결과에 크게 의존하고 있는 실정이다. 한국 아동의 발화 길이에 대한 국내의 연구는 김영태(1997)에서 볼 수 있으며, 여기서는 2~4세 아동들의 평균 발화 길이를 형태소, 낱말, 어절의 측면에서 산출하여 연령, 성, 지역 변인들에 의해 분석하였다. 그 결과, 한국 2~4세 아동의 발화 길이는 분석 단위에 관계없이 연령과 선형 관계가 있으며, 평균 형태소 길이는 영어권 2~4세 아동에 비해 매우 높아 영어권 아동을 기초로 한 자료에 비교하는 것은 의미가 없다는 결론을 내렸다. 그러나 5세 이

---

22 이 연구에서 NDW(Number of Different Words)는 MLU에 대한 설명 변량이 50%를 넘어서는 것으로 분석되었고 PPVT와는 특별한 상관관계를 갖지 않는 것으로 나타났다. NDW는 원래 의미에 관한 것을 측정하는 도구로 여겨져 왔으나 MLU와 상관비가 높게 나타난 것은 표현 어휘력과 형태통사 능력 사이의 상호작용의 결과로 보인다. 반면에 PPVT(Peabody Picture Vocabulary Test)와 특별한 상관관계를 갖지 않는 것은 PPVT가 표현력이 아닌 이해력 측정에 중점이 놓이기 때문으로 해석된다(Dethorne et al. 2005).

후 연령 단계에 대한 자료가 없어 이에 대한 추가적인 분석이 요구된다.

MLU 분석에서 가장 우선적으로 고려할 점은 MLU가 그 표본이 추출된 맥락에 영향을 받는다는 점이다. 기존의 연구에서는 수집의 용이성 때문에 일반적으로 인터뷰 형식의 조사를 통한 분석 방법을 사용해 왔다. 하지만 아무리 숙련된 조사자라도 피험자는-특히 연령이 낮은 아이들일수록-그 앞에서 제한된 반응을 보이기가 쉽다. 또한 피험자의 성격에 따라서 활발한 아이는 인터뷰 상황에 크게 영향을 받지 않고 수다스럽게 길게 답변하는 반면, 수줍어하는 아이는 단답형으로 대답할 가능성이 높다. 이와 같이 표준화된 실험에 의한 연구의 경우에 해당 주제에 대한 개인적 관심 여부, 참여 의사, 조사에 대한 익숙함 정도 등 검사 맥락 (measurement context)이 결과에 영향을 준다는 사실이 지적되어 왔다(Fleege, Charlesworth, Burts & Hart 1992, Pena, Iglesias & Lidz 2001 참조). 특히, MLU는 다른 검사(PPVT, IQ) 등에 비해 검사 맥락에 영향을 받는 정도가 상대적으로 매우 높은 것으로 알려져 있다(Dunn & Dunn 1981, 1997). Ukrainetz & Blomquist(2002)에서는 자발적인 대화 상황이 아닌 표준화된 검사(규격화한 실험, 통제된 실험)를 통해 측정된 결과는 맥락이 제거된 형식적 상황에서의 언어 사용을 반영하는 것으로 보아야 한다고 주장하기도 하였다. 이와 같이 MLU는 발화의 상황에 따라 크게 달라지므로 가능하면 가장 자연스러운 환경에서 아동이 늘 하는 말을 가지고 평가해야 한다. 즉, MLU는 의미나 통사 지식이 종합적으로 영향을 미치는 언어 현상이므로, 완전하게 비구조화된 상황에서 피험자의 자연스런 발화를 이끌어내고 이를 분석하는 것이 필요하다.

MLU 분석에서 중요한 또 한 가지는 MLU를 산출하는 방법에 관한 것이다. MLU 산출 방법은 연구 목적이나 임상 형태에 따라 달라지는데, 가장 흔히 사용되는 것은 총 형태소 수를 총 발화 수로 나누어 평균을 구한 MLU-M(Mean Length of Utterance in Morphemes)이다. MLU-M은 주로 영어를 모국어로 하는 아동을 대상으로 하여 언어 발달 단계를 나누는 데 유용하게 사용되어 왔다. 그러나 영어에 비해 한국어는 문법형태소들이 다양하게 발달하였고 교착적 특성이 강하므로 임상가들이 흔히 비교하는 영어의 MLU는 어절을 단위로 하는 평균 발화 길이에 좀 더 가깝다고 보아야 한다. Miller & Chapman(1981)에서 2~4세 아동은 약 1.87~5.17 범위의 MLU-M을 나타냈는데, 동일 연령의 한국 아동을 대상으로 한 연구 결과와 비교한 결과, 이러한 수치는 한국 아동의 형태소(2.88~6.02)가 아닌 어절(2.13~4.16)에 의한 평균 발화 길이에 가까운 것으로 보고되었다(김영태 1997).

이 절에서는 표현 언어 발달의 지표 및 언어 능력을 진단하고 평가하는 하나의 기준으로서 MLU에 대한 기초적인 분석 결과를 살펴볼 것이다. 여기서는 5~19세 남녀 아동 및 청소년의 자발화를 대상으로 한 MLU 분석 결과를 토대로, 연령과 성별에 따라 MLU에서 차이가 나타나는지, 그리고 각 변인들이 MLU에 미치는 영향력의 크기가 어떠한지를 고찰하고자 한다.

이 책에서 보이는 분석 결과는 다음과 같은 연구 절차와 방법에 의해 이루어졌다. 먼저, 분석 대상이 된 자료는 서울·경기 지역의 5~19세의 남녀 아동 및 청소년 1,959명의 언어 샘플이다. 피험자의 연령별·성별 구성은 〈표 3.1〉에 보인 것과 같다.

〈표 3.1〉 피험자 구성

연령	남	여	연령별 합계(비율)
5	49	44	93 (4.75%)
6	51	61	112 (5.72%)
7	71	59	130 (6.64%)
8	53	68	121 (6.18%)
9	56	64	120 (6.13%)
10	55	56	111 (5.67%)
11	54	75	129 (6.58%)
12	47	72	119 (6.07%)
13	63	80	143 (7.30%)
14	64	66	130 (6.64%)
15	80	60	140 (7.15%)
16	66	62	128 (6.53%)
17	72	56	128 (6.53%)
18	91	89	180 (9.19%)
19	78	97	175 (8.93%)
성별 합계(비율)	950(48.49%)	1009(51.51%)	1959 (100.00%)

자료 수집은 피험자가 익숙한 곳(유치원과 학교 교실)에서 또래 친구 1명과 약 30분간 자유롭게 대화한 내용을 녹음하는 방식으로 이루어졌다. 녹음된 발화 내용은 전사 원칙[23]에 따라 모두 3차에

---

23 전사 원칙과 기호는 다음과 같다.
　가. 하나의 대화 셋(set)을 기준으로 2,000 어절까지 전사하는 것을 기본으로 하되, 한 화자의 발화가 끝나지 않은 상태에서 2,000 어절이 되는 경우 해당 발화의 종결 부분까지 전사한다.
　나. 대화에서 말차례가 교체되는(화자가 바뀌는) 위치에서 행을 바꾸어 적으며, 해당 화자를 행의 처음에 숫자로 표시한다.
　다. 표시 언어는 한국어로 하며 숫자나 외국어는 한글로 소리 나는 대로 표기한다.
　라. 맞춤법에 따라 적는 것을 원칙으로 하되 개인의 발음 특성이나 구어적 특성이 나타난 부분은 이를 표기에 반영한다.

걸쳐 한글로 전사되었고,24 이어서 SGML(Standard Generalized Markup Language) 방식의 인코딩을 통하여 기계가독형 코퍼스로 전환되었다.

MLU의 계산은 화자별로 발화된 어절 수의 총합을 전체 발화 (utterance) 수로 나누어 평균을 구하는 방식으로 이루어졌다. 발화의 구분은 (1)양끝에 휴지(pause)를 지니고 (2)문미억양구 경계 억양이 나타나거나 (3)화자가 바뀌는 경우를 기준으로 삼았다.25

마. 문미억양구 경계 억양이 나타나는 위치에 경계 억양 유형에 따른 기호를 표시한다.
바. 두 어절이 축약되어 발음된 경우(예. 어딨어)에는 축약된 형태로 적고 띄어쓰기를 하지 않는다.
24 1차 전사는 발화자 표시와 발화 내용으로 이루어진 원시 전사 형태이며, 2차 전사는 1차 전사 결과물의 수정 보완 및 화자의 연령, 성별, 소속, 화자 간 관계 등 피험자 관련 정보와 녹음 시간, 날짜, 전사 분량 등에 대한 정보를 표시한 헤더, 말겹침이나 군말, 비언어적 음성, 휴지(休止) 등 발화 상황 관련 정보 표시로 이루어졌다. 3차 전사는 2차 전사 결과물에 대한 수정 보완 및 익명성 표시 등 상세 정보 태그로 이루어졌다. 발화 상황 관련 정보 표시에 사용된 전사 기호를 표로 보이면 다음과 같다.

전사 기호	기호 설명
?	상승 억양
!	활기에 넘치는 기운찬 어조
,	약한 상승 또는 하강, 약간의 휴지 등
.	한 발화의 끝
((-))	잘 들리지 않는 발화
[	두 사람이 말이 겹칠 경우
-	의도적인 장음
=	끊어진 발화
< >	사람의 음성 중 비언어적인 소리
( )	발화의 표준 형태
{ }	대화 상황에 대한 설명
" "	인용 표시
&	3초 이상 쉼이 나타나는 경우

25 구어의 기본 단위로서의 발화 단위 설정에 관한 기존의 논의로는, 유필재(1994), 신지연(1998), 이희자(2002), 전영옥(2003) 등이 있다. 유필재(1994), 신지연(1998)에서는 운율상의 특성과 함께 의미적 완결성을 발화

어절의 구분은 문장 성분의 최소 단위 구분인 띄어쓰기 단위를 기준으로 하였다.

1.1 연령별 MLU(평균 발화 길이)

MLU 평균은 연령이 높아짐에 따라 전반적으로 증가된다. 〈표 3.2〉의 분석 결과에 따르면, MLU는 5세 집단에서 2.27로 가장 낮고 6세 2.34, 7세 2.53, 8세 3.06, 9세 3.08, 10세 3.19, 11세 3.15, 12세 3.14, 13세 3.30, 14세 3.45, 15세 3.46, 16세 3.62, 17세 3.65, 18세 3.60, 19세 3.76으로 연령이 높은 집단에서 상대적으로 MLU가 높은 것을 알 수 있다. 이와 같이 MLU의 연령별 증가는 10~12세, 17~18세 사이를 제외한 모든 연령 집단을 통해 관찰된다.

〈표 3.2〉 연령과 성별에 따른 MLU 평균 및 표준편차

연령	남	여	연령별 평균(표준편차)
5	2.15 (0.48)	2.40 (0.45)	2.27 (0.48)
6	2.17 (0.44)	2.48 (0.43)	2.34 (0.46)
7	2.45 (0.53)	2.61 (0.47)	2.53 (0.51)
8	3.03 (0.76)	3.08 (0.85)	3.06 (0.81)
9	2.82 (1.03)	3.30 (0.90)	3.08 (0.99)
10	3.18 (0.87)	3.19 (0.71)	3.19 (0.79)
11	2.77 (0.77)	3.42 (0.86)	3.15 (0.88)

단위 설정의 중요한 기준으로 보았다. 그런데 불완전한 구조가 구어의 특징 중 하나로 언급될 만큼, 실제 구어에서는 의미의 완결성 여부를 파악하기가 쉽지 않으므로, 실제 자료를 분석할 때에 연구자마다의 주관이 개입되기 쉽다는 문제가 있다. 따라서 이 책에서는 발화 단위의 설정에 있어서 운율적 요소를 일차적인 판단 기준으로 삼았다.

연령	남	여	연령별 평균(표준편차)
12	2.75 (0.56)	3.40 (0.86)	3.14 (0.82)
13	2.97 (0.96)	3.56 (0.94)	3.30 (1.00)
14	3.29 (0.97)	3.60 (1.07)	3.45 (1.04)
15	3.33 (0.90)	3.63 (1.00)	3.46 (0.96)
16	3.59 (1.16)	3.66 (1.01)	3.62 (1.09)
17	3.67 (1.04)	3.62 (1.12)	3.65 (1.08)
18	3.47 (0.95)	3.73 (0.93)	3.60 (0.95)
19	3.86 (1.15)	3.67 (1.10)	3.76 (1.12)
성별 평균	3.03 (0.84)	3.29 (0.85)	3.17 (0.87)

연령 단계별로 증가의 폭은 일정하지 않아, 8세 이전에는 비교적 뚜렷한 증가 추세가 나타나는 반면, 이후에는 증가 폭이 감소한다. 또한 8세 이후에는 동일 연령 집단 안에서의 표준편차 값도 증가하여, 이 시기 이후 개별 아동 간 격차가 커지는 것을 알 수 있다.

그리고 성별로는 여자가 남자에 비해 MLU 평균이 전반적으로 높다. 성별에 따른 MLU를 동일 연령 집단 안에서 살펴보면, 17세를 제외한 모든 연령 집단에서 여자가 남자에 비해 MLU가 높은 것을 확인할 수 있다.

이러한 연령 집단과 성별 집단에 따른 차이는 사후 검정을 통하여 좀 더 자세히 살펴볼 수 있다. 사후 검정 결과, 5세와 7세 이상($t = 3.72$, $p < .001$), 6세와 7세 이상($t = 2.99$, $p < .01$), 7세와 8세 이상($t = 6.24$, $p < .001$), 8세와 13세 이상($t = 2.13$, $p < .05$), 9세와 14세 이상($t =. 88$, $p < .01$), 10세와 14세 이상($t = 2.17$, $p < .05$), 11세와 14세 이상($t = 2.51$, $p < .05$), 12세와 14세 이상($t = 2.58$, $p < .05$), 13세와 16세 이상($t = 2.56$, $p < .05$), 14세와 19세($t = 2.43$, $p < .05$), 15세와 19세($t = 2.49$, $p < .05$) 집단 사이에서 모

두 유의한 차이가 있음이 확인되었다. 성별 집단에 따른 MLU 평균의 차이 역시 매우 유의한 것으로 나타났다($t = 4.90$, $p < .001$).

〈표 3.3〉 MLU에 대한 연령 집단 간 사후검정 결과와 t-value

변수1 \ 변수2	6	7	8	9	10	11	12	13	14	15	16	17	18	19
5	.96	3.72***	8.24***	7.15***	9.67***	8.62***	9.20***	9.22***	10.14***	11.01***	11.16***	11.51***	12.61***	12.09***
6		2.99**	8.20***	7.16***	9.74***	8.69***	9.07***	9.42***	10.45***	11.34***	11.60***	11.96***	13.08***	12.64***
7			6.24***	5.57***	7.78***	6.92***	7.16***	7.93***	9.09***	9.86***	10.38***	10.74***	11.70***	11.58***
8				.17	.21	.83	.79	2.13*	3.30**	3.60***	4.63***	4.90***	5.13***	5.84***
9					.92	.59	.54	1.80	2.88**	3.13**	4.12***	4.36***	4.58***	5.32***
10						-.35	-.43	.98	2.17*	2.40*	3.51*	3.76***	3.83***	4.64***
11							.06	1.32	2.51*	2.75**	3.85***	4.10***	4.24***	5.08***
12								1.39	2.58*	2.83**	3.92***	4.17***	4.31***	5.10***
13									1.21	1.36	2.56*	2.80**	2.76**	3.78***
14										.74	1.33	1.55	1.34	2.43*
15											1.34	1.57	1.33	2.49*
16												.21	-.21	1.01
17													-.45	.80
18														1.40

* $p < .05$, ** $p < .01$, *** $p < .001$

이러한 결과를 종합해 볼 때, MLU는 연령에 따라 변화하며, 8세 이전에는 연령에 따른 차이가 두드러지고, 그 이후에는 증가 폭이 다소 감소하기는 하지만 증가 추세는 꾸준히 이어진다는 것을 알 수 있다. 또한 연령뿐 아니라 성별 요인도 MLU에 함께 영향을 미친다는 사실을 알 수 있다.

1.2 연령과 MLU(평균 발화 길이) 간의 양적 선형 관계

앞(1.1)에서 MLU와 연령 사이의 양적 선형 관계는 전 연령대에서 유지되나 그 증가 폭에 있어서는 차이를 보인다는 것을 관찰하였다. 즉, 낮은 연령대(5~8세)에서는 연령이 증가함에 따라 MLU가 급격히 늘어나는 데 비해 높은 연령대(9~19세)에서는 상대적으로 증가량이 적었다. 이와 같이 8~9세를 기준으로 하여 이전 단계의 기울기는 더 급하고 이후 단계의 기울기는 완만하게 나타나므로 MLU와 연령과의 관계가 연령의 수준에 따라 다르다고 볼 수 있다. 따라서 8세 이전과 9세 이후의 회귀 모형을 따로 설정할 필요가 있다. 또한 성별에 따라서도 유의한 차이가 관찰되므로 성별 변수를 남자 0, 여자 1인 더미 변수(dummy variable)로 변환하여 화자의 연령과 성별을 독립 변수로 하는 다중회귀식을 구할 수 있다.

1.2.1 5~8세 화자의 MLU의 회귀식

8세 이전의 피험자에 대하여 화자의 연령과 성별을 독립 변수로 하고 평균 발화 속도를 종속 변수로 한 다중회귀 모형을 설정하고 모형의 적합성을 검정한 결과, 다음과 같은 결과가 얻어졌다.

〈표 3.4〉 5 ~ 8세의 MLU에 대한 다중회귀분석 결과

모형 요약

모형	r	R^2	$\overline{R^2}$	추정값의 표준오차
1	.450[a]	.203	.199	.597

[a] 예측값: (상수), 성별, 연령

분산분석[b]

모형		제곱합	자유도	평균제곱	F	Sig.
1	선형회귀분석	41.041	2	20.520	57.657	.000[a]
	잔차	161.226	453	.356		
	합계	202.266	455			

[a] 예측값: (상수), 성별, 연령
[b] 종속변수: MLU

계수[a]

모형		비표준화 계수		표준화 계수	t	Sig.
		B	표준오차	β		
1	(상수)	.565	.189		2.983	.003
	연령	.258	.026	.420	10.010	.000
	성별	.197	.056	.148	3.518	.000

[a] 종속변수: MLU

5~8세 연령대에서는 MLU에 대하여 연령 및 성별 변수가 모두 유의하였으며, 이때 설명 변량은 20%이고 p =.000 수준으로 유의도가 만족되었다. 각 독립변수의 계수를 검정한 결과, 연령 변수의 경우 $\hat{\beta}$이 0.258이며 유의확률은 0.000으로 나왔다. 그리고 성별 변수의 경우 $\hat{\beta}$이 0.197이며, 그 유의 확률은 0.000으로서 유의 수준 0.05에서 매우 유의하다. 즉, 성별 변수를 통제할 경우 연령 증가에 따른 평균 발화 길이 증가 폭은 0.258로 추정되고, 동일한 연령대에서 여자가 남자에 비해 길며 그 차이는 0.197 정도가 될 것임을 추정할 수 있다.

연령과 성별의 표준화 계수를 비교해 보면, 연령 변수의 경우 β가 0.420, 성별 변수의 경우 β가 0.148로 연령 변수의 β값이 더 높게 나타났다. 이를 통해 5~8세 사이의 발화 길이를 예측하는 데에 있어서 연령 변수가 성별 변수에 비해 더 큰 영향력을 지님을 알 수 있다.

위의 분석 결과에 따라 5~8세의 MLU에 대한 회귀식을 다음과 같이 제안할 수 있다.

(1) 5~8세 연령 화자의 MLU에 대한 회귀식
    MLU = 0.565 + 0.258*연령 + 0.197*성별[26]

이와 같이 5~8세 사이에는 연령과 발화 길이 사이에 양의 선형 관계가 있고, 동일 연령의 경우 여자가 남자에 비해 발화 길이가 길다.

---

26 여자의 경우 1, 남자의 경우 0

1.2.2 9 ~ 19세 화자의 MLU의 회귀식

다음으로 9세 이후의 피험자에 대하여 화자의 연령과 성별을 독립 변수로 하고 평균 발화길이를 종속 변수로 한 다중회귀 모형을 설정하고 모형의 적합성을 검정한 결과를 보면 다음과 같다.

〈표 3.5〉 9~19세의 MLU에 대한 다중회귀분석 결과

모형 요약

모형	r	R^2	$\overline{R^2}$	추정값의 표준오차
1	.254[a]	.064	.063	.980

[a] 예측값: (상수), 성별, 연령

분산분석[b]

	모형	제곱합	자유도	평균제곱	F	Sig.
1	선형회귀분석	99.120	2	49.560	51.583	.000[a]
	잔차	1441.166	1500	.961		
	합계	1540.286	1502			

[a] 예측값: (상수), 성별, 연령 b 종속변수: MLU

계수[a]

모형	비표준화 계수		표준화 계수	t	Sig.
	B	표준오차	Beta		
1 (상수)	2.011	.142		14.182	.000
연령	.071	.008	.224	8.973	.000
성별	.258	.051	.127	5.096	.000

[a] 종속변수: MLU

위의 분석 결과를 보면, 9~19세 연령대에서 MLU에 연령 및 성별 변수가 모두 유의하였으며, 이때 설명 변량은 6%이고 p =.000 수준으로 유의도가 만족되었음을 알 수 있다. 연령 및 성별 변수의 계수를 각각 검정한 결과, 연령 변수의 경우 $\hat{\beta}$이 0.071이며 유의확률은 0.000이다. 그리고 성별 변수의 경우 $\hat{\beta}$이 0.258이며, 그 유의 확률은 0.000으로서 유의 수준 0.05에서 매우 유의하다. 즉, 성별 변수를 통제할 경우 연령 증가에 따른 평균 발화 길이 증가폭은 0.071로 추정되고, 동일한 연령대에서 여자 가 남자에 비해 길며 그 차이는 0.258로 추정된다.

연령과 성별의 표준화 계수를 비교해 보면, 연령 변수의 경우 β 가 0.224, 성별 변수의 경우 β가 0.127로 연령 변수의 β값이 더 높게 나타났다. 이를 통해 9~19세 사이의 발화 길이를 예측하는 데에 있어서 연령 변수의 중요도가 이전 연령대에 비해 줄어들지 만, 여전히 성별 변수에 비해 더 중요한 변수가 됨을 알 수 있다.

위의 분석 결과에 따라 9~19세의 MLU에 대한 회귀식을 제시 하면 다음과 같다.

(2) 9~19세 연령 화자의 MLU에 대한 회귀식
   MLU = 2.011 + 0.071*연령 + 0.258*성별[27]

즉, 9~19세 연령대에는 5~8세에서와 마찬가지로 연령과 발화 길이 사이에 양의 선형 관계가 있고, 동일 연령의 경우 여자가 남자에 비해 발화 길이가 길다고 결론내릴 수 있다. 그러나 이전 연령대와 비교하여 연령에 따른 증가 폭이 줄어들고 설명 변량도 크게 줄어들었다.

---

[27] 여자의 경우 1, 남자의 경우 0

1.3 요약

이 절에서는 표현 언어 능력 발달에 대한 한 척도로서 MLU에 대한 기초 분석 결과를 살펴보았다. 이 책에서는 특히, 연령과 성별 변인이 MLU에 미치는 영향력의 크기를 보이는 데에 집중하였다.

MLU와 연령·성별 등 변인 간의 관계에 대한 내용을 요약하면, MLU는 연령 및 성별 두 변수와 모두 관계가 있고, 5~8세에서는 연령이 한 단계 증가할 때 MLU가 0.258 증가하는 데 비해 9~19세에서는 0.071 증가한다. 이러한 결과는 이전 연령 단계에 비해 상대적으로 증가량이 줄어들기는 하지만 9세 이후에도 여전히 MLU와 연령 사이에 선형 관계가 유지됨을 보여준다.

성별 변수의 경우, 연령 변수에 비해 중요도가 떨어지기는 하지만 역시 MLU에 영향을 미치는 요소임이 밝혀졌다. 이 책에서 제시한 분석 결과에 따르면 여자가 남자에 비해 MLU가 길었으며, 이러한 경향은 연령 수준과 무관하게 나타났다. 즉, 성별 변수가 MLU에 영향을 미치는 정도는 5~8세 단계와 9~19세 단계에서 큰 차이가 없었다. 이는 연령과 MLU 간의 상관도가 5~8세 단계에서 훨씬 높고, 9세 이후에서 상대적으로 낮아지는 사실과 대비된다.

이와 같이 MLU와 연령과의 관계는 연령의 수준에 따라 다르므로 8세 이전과 9세 이후의 회귀식이 따로 설정되어야 한다. 또한, 성별에 따라 회귀식의 절편이 달라지므로 연령별 MLU의 값을 예측하는 경우에 성별에 맞는 식을 적용하면 예측도를 높일 수 있다.

이 책에서는 MLU와 언어외적 요인인 연령 및 성별 사이의 관련성을 보이는 데 치중하였는데, MLU가 단지 문법 발달뿐 아니라 표현 언어의 다른 척도들과도 높은 상관이 있다는 사실이 타 언어를 대상으로 한 여러 연구에서 밝혀지고 있는 만큼, 한국어에 대해서도 MLU와 다른 언어적 요인 사이의 관련성 등과 같이 보다 폭넓은 관점에서 많은 연구가 이루어질 필요가 있다. 또한 이 책에서 제시한 분석 결과와 20세 이상 성인의 경우가 어떻게 다른지에 대해서도 아직 논의하기 어렵다. 이러한 점은 앞으로 분석 대상의 범위를 다양화한 연구들을 통해 보완되어야 할 부분이다.

2. 화행의 확장*

화자는 전달하고자 하는 정보를 자신의 말차례 내에서 하나의 진술로 표현하기도 하고, 여러 개의 진술로 표현하기도 한다. 동일한 내용에 대해 하나의 진술로 전달하는 화자와 여러 개의 진술로 전달하는 화자의 차이는 여러 각도에서 논의될 수 있겠는데, 그중 하나가 화행 확장 능력이다.[28] 화행 확장 능력이란 화행의 수행 목적을 달성하기 위해 주 화행에 부연 화행을 덧붙여 수행하는 것을 말한다.[29] 진술에 대한 확장은 자신의 주장을 강

---

* 이 절의 내용은 김정선·장경희(2006) "일상 대화에 나타난 진술의 평균 확장 발화 수"(텍스트언어학 21집)의 논문 내용을 바탕으로 한 것이다.

28 언어 능력은 내용 구성의 조직성, 표현의 다양성, 상황의 적절성 등의 관점에서 논의해 볼 수 있다. 즉, 여러 개의 발화를 진술하였는데 단순 나열로 그친 경우와 구체화, 예시 등의 발화로 조직된 경우, 이들은 언어 능력에서 차이가 있는 것으로 추론해 볼 수 있다.

29 화행 연구에서 '확장'에 처음 주목한 연구로는 장경희(2000)이 있다. 이 연구에서는 판정 질문에 대한 응대에는 긍·부정의 판정 여부만을 간투사와 진술 형식으로 수행하는 단순 응대와 여기에 그 이상의 정보를 부연하는 확장 응대가 있다고 설명하여 실제 화행 수행에 나타나는 확장 현상에 대한 지적한 바 있다. 그 밖에도 김정선·장경희(2005), 김정선·김명희(2005)에서는 일상 대화에 나타난 질문 확장의 개념, 초등학생들의 발달 양상 등에 대해 다룬 바 있다.

화하기 위하여 추가적인 화행을 수행하는 것으로,[30] 예를 들어, "순이 지금 도서관에 있어. 내가 지금 만나고 오는 길이야."와 같은 발화는 '순이가 지금 도서관에 있다'는 주장에 대해 '내가 지금 만나고 오는 길이야'라는 근거를 들어 진술의 수행성을 강화한다.

실제 우리가 수행하는 화행을 관찰해 보면, 수행 목적을 달성하기 위해 하나 이상의 발화로 수행하는 확장의 예를 쉽게 찾아볼 수 있다. 화행 확장은 단순한 개개인의 표현 방식의 차이가 아닌 언어 능력의 차이에 기인한 것으로 보인다. 하나의 발화로 표현하는 것보다 여러 발화로 표현하는 것이 훨씬 더 복잡하고 여러 능력을 필요로 하기 때문이다. 진술의 경우, 주장을 강화하기 위해 자신이 지니고 있는 정보들을 점검해야 하고 이들을 논리적으로 연결하는 능력도 필요한데, 하나의 발화로 수행하는 것보다 여러 발화로 수행하는 것이 보다 효과적이다.[31]

진술의 확장은 명제 내용에서의 확장과 수행성의 강화, 두 가지로 구분해 볼 수 있다. 전자는 확장에 논리가 관여하는 것으로 구체화, 인과, 계기 등 연속되는 두 발화의 명제 내용에 대한 분석이고, 후자는 진술의 주장 기능을 강화시키기 위해 발화를 연속하는 것으로 화행의 기능에 대한 분석이다. 이 책에서는 후자에 대해 즉, 진술 화행 확장의 수행성 강화 기능에 초점을 둔다.

---

30 확장은 화행 유형별로 그 동기와 구체적인 방법이 다르기 때문에 논의 대상도 달라져야 한다. 예를 들어 질문의 경우는 수행성을 강화하기 위해 얼마나 길게 확장하는가보다는 어떤 확장 방법을 사용하는지가 중요하다. 그러나 진술은 확장 방법에 대한 논의도 필요하고, 그 확장 길이에 대한 분석도 의미가 있다. 즉, 자신의 정보를 스스로 끄집어내어 표현하는 능력이기 때문에 그 길이가 중요하다.

31 이는 글쓰기에서 소주제문에 대한 적절한 분량의 뒷받침문장으로 단락을 구성하는 능력에 비유될 수 있겠다. 서정수(1995: 27)에서는 한 단락을 구성할 때 평균 5~8개의 뒷받침문장이 적절하다고 언급하고 있는데 구어인 일상 대화에서는 이보다 적은 수의 발화가 연결될 것으로 예상된다.

이 절에서는 진술의 확장 능력을 평균 확장 발화 수를 통해 살펴본다. 동일 화자의 동일 말차례 내에 진술 기능을 강화하기 위한 확장 발화가 몇 개 출현하는지 파악할 것이다. 이를 위해 언어 능력 발달 단계에 있는 초등학생부터 고등학생의 일상 대화를 대상으로 하여 평균 확장 발화 수를 추출하여 그 양상을 살펴본다.[32] 또한 화행 확장에서 성별에 따른 차이가 존재하는지 고찰하고, 마지막으로 추출된 평균 확장 발화 수에 대한 평균 범위를 제시한다.

분석 자료는 서울·경기 지역에 거주하는 초·중·고등학생 240명의 일상 대화를 녹음하여 전사한 자료이다.[33] 분석 대상자는 학교급 변인, 성별 변인에 따라 집단별로 고르게 분포하도록 하였다.

이 책에서 다루고자 하는 진술 화행은 다음으로 한정하여 살펴보기로 한다.[34]

(가) 동일 화자의 동일 말차례 내에 나타난 두 개 이상의 진술 화행으로 이들은 동일 주제를 구성하여야 한다.[35]

(나) 화자 스스로 주제를 도입하거나 선행 화자가 제시한 주제

---

[32] 학령기 이후에는 화용 능력과 의미(어휘) 능력의 발달이 가장 우세하다고 한다(이승복 옮김 2001).

[33] 이 책에서는 파일별로 시간 순서에 따라 200번째까지의 말차례에 해당되는 발화를 분석 대상으로 삼았다.

[34] 화행 주석은 발화마다 부착하였는데 국어학 전공 대학원생 3명이 작업하였으며, 확장 발화 주석은 필자가 하였다. 이때 화행 주석의 수정과 검토 작업도 함께 이루어졌으며 이를 통해 연구자 간 판단의 차이를 최소화하도록 하였다.

[35] 대화 확장에 대화 텍스트의 구조가 관여하여 발화 교환 행위의 텍스트들이 동일한 주제를 지니거나 하나의 상위 주제를 형성하는 것과 같이(장경희 1999: 170), 화행의 확장에도 화행의 명제 내용으로 구성되는 주제가 관여하는 것으로 파악된다.

를 발전시켜 전개한다.

(다) 선행 화자의 질문이나 명령 등에 대해 대답을 수행하는 진술 화행은 제외한다.

(라) 화자의 진술 화행 발화 중간에 출현하는 청자의 맞장구나 청자 반응 신호는 말차례를 가지려는 의도가 없는 것이기 때문에 동일 말차례를 구성하는 것으로 본다.

(마) 이야기 구조를 지닌 진술 화행은 제외한다.[36]

자료에 대한 통계 처리는 Microsoft Excel과 SPSS 11.0을 사용하였고, 통계 처리 방법에는 화자별 평균, 표준 편차 분석과 연령별, 성별 평균 및 표준 편차, 사분위수 분석, t-test가 사용되었다. 유의 수준은 95%로 검정하였다.

2.1 진술 화행의 학교급과 성별에 따른 평균 확장 발화 수

진술 화행의 평균 확장 발화 수는 진술 화행 확장이 일어난 말차례 수와 확장 발화 수를 조사하여 화자별 평균과 표준편차를 통해 구하였다. 이어서 대상자를 학년과 성별에 따라 나누고 각 집단의 평균과 표준편차를 구하였다. 학년과 성별에 따른 평균 확장 발화 수는 〈표 3.6〉과 같다.

---

36 이야기는 자신의 주장을 강화하기 위해 진술 화행이 연속된 것이라기보다는 하나의 이야기 구조를 이루고 있으며 사건과 이에 대한 평가 등 여러 구성 요소들이 진술 화행으로 실현된 것으로 파악된다. 따라서 이들에 대해서는 구성 요소들의 복잡성, 사건의 나열 순서 등 명제 내용 관계에 대해 별도의 설명이 필요하기 때문에 진술에 대해 화행의 측면에서 보려는 이 책에서는 제외하기로 한다.

〈표 3.6〉 학년과 성별에 따른 평균 확장 발화 수

구분	성별	평균	표준편차
초등학교 1학년	남자	2.63	0.71
	여자	2.66	0.47
	전체	2.64	0.59
초등학교 2학년	남자	2.65	0.54
	여자	2.70	0.72
	전체	2.68	0.62
초등학교 3학년	남자	2.85	0.60
	여자	2.78	0.30
	전체	2.82	0.48
초등학교 4학년	남자	2.94	0.90
	여자	2.88	0.87
	전체	2.91	0.86
초등학교 5학년	남자	2.51	0.62
	여자	2.86	0.42
	전체	2.68	0.55
초등학교 6학년	남자	2.51	0.42
	여자	2.70	0.77
	전체	2.60	0.61
중학교 1학년	남자	2.72	0.59
	여자	2.50	0.49
	전체	2.61	0.54
중학교 2학년	남자	2.99	0.59
	여자	3.00	0.86
	전체	2.99	0.73
중학교 3학년	남자	2.97	0.90
	여자	3.05	1.27
	전체	3.01	1.07

구분	성별	평균	표준편차
고등학교 1학년	남자	3.04	0.79
	여자	3.34	0.93
	전체	3.19	0.85
고등학교 2학년	남자	3.04	0.62
	여자	3.46	0.99
	전체	3.24	0.82
고등학교 3학년	남자	3.28	1.05
	여자	3.27	0.51
	전체	3.28	0.79
전체	남자	2.84	0.72
	여자	2.95	0.79
	전체	2.89	0.75

위의 자료에 의하면, 진술 화행에 대한 평균 확장 발화 수는 평균 2.89(표준편차 0.75)이다. 학년별로 살펴보면, 초등학교 5학년에서 중학교 1학년까지를 제외하고는 조금씩 높아졌다. 그러나 〈표 3.6〉에 제시된 학년별 평균의 차이는 표준편차의 범위보다 작으며, 그 차이가 가장 큰 중학년 1학년과 중학교 2학년의 경우도 통계적으로 유의미한 차이가 없었다(t =-1.866, p =.070). 즉 1년 단위의 학년 구분에 의해서는 차이가 없었다.

대상자 집단을 초등학교 저학년, 초등학교 고학년, 중학교, 고등학교로 구분하여 평균의 차이가 있는지 일원배치 분산분석을 실시한 결과, 〈표 3.7〉에 보인 바와 같이 네 개 집단의 평균이 같지 않았다(F =6.349, p =.000).

〈표 3.7〉 학교급에 따른 평균 확장 발화 수

구분	평균	표준편차	F
초등학교 저학년	2.72	0.56	
초등학교 고학년	2.73	0.68	6.349***
중학생	2.87	0.82	
고등학생	3.23	0.81	

*** $p < .001$

〈표 3.7〉을 보면, 초등학생부터 고등학생까지 평균이 높아지는 일정한 경향을 보이고 있지만, 초등학교 저학년(평균 2.72)과 고학년(평균 2.73)은 그 차이가 미미하고, 초등학교 고학년과 중학생, 중학생과 고등학생 사이의 차이가 통계적으로 유의미한 것인지에 대한 확인 절차가 필요하다.

학교급 간에 통계적으로 유의미한 차이가 있는지를 보기 위해 사후 검정으로 t-test를 실시한 결과, 초등학교 저학년, 고학년, 중학생을 동일 집단으로 볼 수 있고, 고등학생은 이들 집단과 차이가 나는 집단으로 볼 수 있다(〈표 3.8〉 참조).

〈표 3.8〉 평균 확장 발화 수에 대한 학교급별 t-test 결과

	초등학교 고학년	중학생	고등학생
초등학교 저학년	-0.057	-1.131	-3.960***
초등학교 고학년		1.031	-3.672***
중학생			-2.429*

* $p < .05$ *** $p < .001$

초등학교 저학년은 초등학교 고학년(t =-0.057, p =.955), 중학생(t =-1.131, p =.260)과는 차이가 없었으며, 고등학생(t =-3.960, p =.000)과 유의미한 차이가 있었다. 초등학교 고학년은 중학생(t =1.031, p =.305)과는 차이가 없었으나, 고등학생(t =-3.672,

p =.000)과는 유의미한 차이가 나타났다.

지금까지 학교급에 의한 차이를 살펴보았는데, 성별에 의한 차이가 있는지를 알아보기로 한다. 초등학교 저학년, 초등학교 고학년, 중학생, 고등학생의 학교급에 따른 성별 차이와 전체 남학생과 여학생의 평균을 구하여 각각 t-test를 실시하였다. 그 결과, 성별에 의한 차이가 없었다(표 3.9 참조).

〈표 3.9〉 초등학교 저학년, 초등학교 고학년, 중학생, 고등학생의 성별에 따른 t-test 결과

구분	성별	평균	표준편차	t-value
초등학교 저학년	남자	2.72	0.61	t =-0.070
	여자	2.71	0.51	(p =.944)
초등학교 고학년	남자	2.64	0.68	t =0.949
	여자	2.81	0.69	(p =.347)
중학생	남자	2.89	0.70	t =-1.191
	여자	2.85	0.93	(p =.849)
고등학생	남자	3.11	0.80	t =1.135
	여자	3.35	0.81	(p =.261)
전체	남자	2.84	0.79	t =0.940
	여자	2.94	0.72	(p =.348)

〈표 3.9〉를 요약하면, 성별에 의한 차이는 초등학교 저학년 (t =-0.070 p =.944), 초등학교 고학년(t =0.949 p =.347), 중학생 (t =-1.191 p =.849), 고등학생(t =1.135 p =.261) 모두에서 유의미하지 않았다. 그리고 조사 집단 전체의 남녀 차이도 없는 것으로 나타났다(t =0.940, p =.348).

2.2 진술 화행의 학교급에 따른 평균의 분포

진술 화행의 평균 확장 발화 수에서 초등학생·중학생과 고등학생이 차이가 있었는데, 이 절에서는 이들 각각의 집단이 지닌 평균의 분포를 살펴본다. 이를 위해 두 집단의 평균과 표준 편차, 최솟값, 최댓값 범위를 보이면 다음 〈표 3.10〉과 같다.

〈표 3.10〉 초등학생·중학생과 고등학생의 평균 확장 발화 수

구분	성별	평균	표준편차	최솟값	최댓값	범위
초등학생·중학생	남자	2.75	0.66	1.25	4.60	3.35
	여자	2.79	0.73	1.50	6.38	4.88
	전체	2.77	0.70	1.25	6.38	5.13
고등학생	남자	3.11	0.80	2.00	5.00	3.00
	여자	3.35	0.81	2.00	5.20	3.20
	전체	3.23	0.81	2.00	5.20	3.20
전체	남자	2.84	0.72	1.25	5.00	3.75
	여자	2.94	0.79	1.25	6.38	4.88
	전체	2.89	0.75	1.25	8.38	5.13

〈표 3.10〉을 보면, 초등학생·중학생의 평균은 2.77이고 표준편차는 0.70, 최대 1.25에서 최대 6.38까지의 범위를 보였다. 고등학생은 평균이 3.23이고, 표준편차가 0.81이었으며, 최소 2.00에서 최대 5.20까지의 범위를 보였다. 이 결과를 보면, 초등학생·중학생이 훨씬 넓은 범위에 걸쳐 분포함을 알 수 있다.

그러나 위의 〈표 3.10〉에서 제시한 평균과 표준 편차, 최댓값, 최솟값, 범위 등은 집단의 대표적인 특성만을 보여주는 것으로,[37]

---

[37] 범위는 최댓값과 최솟값만을 사용하기 때문에 관측된 데이터를 충분히 활용하지 못하는 단점이 있고, 또 최댓값 또는 최솟값이 이상점일 때는 실제

집단별 평균의 퍼진 정도를 비교하기 위해서는 [그림 3.1]의 상자
그림과 〈표 3.11〉의 사분위수를 통해 살펴볼 필요가 있다.[38]

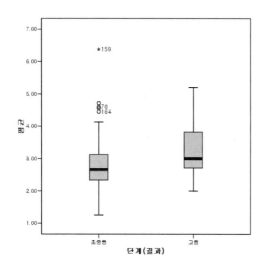

[그림 3.1] 초등학생·중학생과 고등학생 평균의 상자그림

〈표 3.11〉 초등학생·중학생과 고등학생의 사분위수

구분	성별	1사분위수	2사분위수	3사분위수	사분위간 평균
초등학생·중학생	전체	2.33	2.67	3.13	0.79
고등학생	전체	2.72	3.00	3.81	1.10

보다 과장된 값이 나오게 된다(정영해 외 2001). 실제 본 자료에서도 상자
그림을 통해 이상점이 나타난 것을 확인할 수 있었다.
38 k분위수는 데이터를 오름차순으로 정렬해서 k개로 나누었을 때 그중 몇 번
째 위치한 데이터인지 알려주는 것으로 1사분위(25%), 2사분위(50%), 3사분
위(75%)로 분포의 양 끝에 있는 값들을 제외하고 가운데 부분을 이루는 절
반이 얼마나 넓은 구간에 걸쳐서 퍼져 있는가를 나타낸다. 변수들의 퍼진
정도를 비교하기 위해 많이 쓰인다(정영해 외 2001).

[그림 3.1]과 〈표 3.11〉을 통해서는 다음과 같은 특성을 파악하였다. 먼저 초등학생·중학생은 95% 신뢰구간은 2.67~2.88로 앞서 본 범위와는 차이가 있었다. 그리고 분포의 왜도는 1.168로 오른쪽으로 기울어졌으며 첨도는 3.639로 표준정규분포보다 중심점의 밀도가 높았다. 고등학생의 경우는 95% 신뢰구간은 3.02~3.45로 초등학생·중학생보다 넓은 범위에 퍼져 있었으며, 왜도는 0.552로 초등학생·중학생보다는 좌우 대칭 분포에 가깝고, 첨도는 -0.420으로 표준정규분포보다 중심점의 밀도가 약간 낮게 나타났다.

2.3 요약

지금까지 초·중·고등학생의 일상 대화에 나타난 진술 화행의 평균 확장 발화수와 평균의 범위를 살펴보았다. 자신의 주장을 강화하기 위해 확장하는 진술 발화들을 중심으로 동일 말차례 내에서 동일 주제를 구성하는 진술의 평균 확장 발화 수를 화자별로 분석하고 이를 학교급과 성별 변인에 의해 집단 간의 유의미한 차이가 있는지를 검토하였다. 이 절의 내용은 다음과 같이 요약할 수 있다.

(1) 학교급 변인으로 보면 초등학생과 중학생 간에는 차이가 없었고, 중학생과 고등학생 간에는 차이가 있었다.
(2) 성별 변인에 의해서는 모든 연령에서 유의미한 차이를 보이지 않았다.
(3) 평균의 범위는 초등학생·중학생이 고등학생보다 평균에 밀집되어 있었다.

(1)-(3)을 종합해 보면, 자신의 말차례 내에서 동일 주제를 구성하는 능력은 고등학생이 초등학생과 중학생에 비해 발달하였고, 성별에 따른 차이는 없었다. 그리고 고등학생 집단 내에서의 차이가 초등학생과 중학생 집단 내에서의 차이에 비해 큰 것으로 나타났다.

이 절에서는 진술의 화행 확장에 대해 텍스트 구성의 양적인 측면에서 살펴보았다. 텍스트 구성은 이처럼 양적이 측면과 더불어 구체적인 명제 내용에 대한 분석이 함께 이루어져야 한다. 또한 진술 화행 이외에도 진술 화행에 대한 응대, 질문에 대한 응대 등 다양한 화행에 대한 텍스트 구성 능력에 대한 연구도 필요하다. 다양한 화행, 텍스트에 대해 양적 분석과 내용 분석을 통해 텍스트 구성 능력에 대한 깊이 있는 연구가 이어지기를 기대한다.

참고문헌

강창우(2004). "화행 유형의 하위분류 가능성과 그 문제점," 독어학 19. 한국독어학회, pp. 105-215.

구종남(2001). "국어 의문의 화행과 응답 방식," 한국언어문학 45, 한국 언어문학회, pp. 413-432.

김영태(1997). "2-4세 아동의 발화길이에 관한 기초연구," 말-언어장애연 구 2, 언어병리학회, pp. 5-26.

김정선·김명희(2005). "아동의 일상 대화에 나타난 질문 확장의 발달 양상," 한국어의미학 18, pp. 197-215.

김정선·장경희(2005). "일상 대화에 나타난 질문 확장 양상," 국어교육 118, pp. 221-248.

김정선·장경희(2006), "일상 대화에 나타난 진술의 평균 확장 발화 수," 텍스트언어학 21, pp. 71-87.

김정숙·원진숙(1993). "한국어 말하기 능력 평가 기준 설정을 위한 연 구," 이중언어학 10, pp. 24-33.

김태경·이필영·장경희(2006), "연령 및 성별 변인과 MLU의 상관관계 연구," 국제어문 38, pp. 1-12.

김형민(2003). "한국 대학생의 칭찬 화행 수행 및 응대 상황에 대한 연 구," 한국어 의미학 12, 한국어의미학회, pp. 225-250.

류현미(1999). 국어 의문문의 연구, 충남대 박사학위논문.

서정수(1995). 글쓰기의 기본 이론과 서사문/기술문 쓰기, 정음문화사.

신지연(1998). 국어 지시 용언 연구, 태학사.

유필재(1994). 발화의 음운론적 분석에 대한 연구, 서울대 석사학위논문.

윤은미(2005). "한국인과 한국어 학습자의 거절화행에 나타난 공손전략 비교 연구," 외국어로서의 한국어교육 29, pp. 117-145.

이수진·황민아(2001). "발화길이와 유창성 간의 교환효과," 음성과학 8-4. 한국음성과학회, pp. 157-168.

이승복 옮김(2002). 언어발달, 시그마프레스.

이원표(1996). "한국 대학생이 칭찬 화행에 나타난 공손법 분석," 외국어로
　　서의 한국어교육(구 말) 21, 연세대학교 한국어학당, pp. 107-144.

이원표(2001). 담화분석, 한국문화사.

이은영(1998). 대답의 분류와 특성 연구, 부산대 석사학위논문.

이인섭(1986). 아동의 언어발달, 개문사.

이준희(2001). "명령문의 간접 화행," 한국어 의미학 8, 한국어의미학회,
　　pp. 279-290.

이창덕(1992). 질문 행위의 언어적 실현에 관한 연구, 연세대 박사학위
　　논문.

이현진 외(공역)(2002). 언어발달, 시그마프레스.

이희자(2002). "의사소통의 최소 단위로서의 발화문과 문장," 텍스트언
　　어학 13. 한국텍스트언어학회, pp. 343-366.

장경희(1997). "대화 텍스트의 결속 구조," 한양어문 15, pp. 283-300.

장경희(1999). "대화의 접속과 내포," 텍스트언어학 7, pp. 141-177.

장경희(2000). "판정 질문에 대한 긍정과 부정," 한국어 의미학 7, pp.
　　149-174.

전영옥(2003). "한국어 억양 단위 연구," 담화와 인지 10, 담화인지언어
　　학회, pp. 241-265.

정인교·정병권(2001). "한국인 영어사용자의 요청 화행에 나타난 공손
　　표현," 현대문법연구, 현대문법학회 26, pp. 161-178.

Blake, J., Quartaro, G. & Onorati, S.(1993). "Evaluating quantitative
　　measure of grammatical complexity in spontaneous speech
　　samples," *Journal of Child Language* 20, pp. 139-152.

Brown, R.(1973). *A First Language: The Early Stages,* Cambridge,
　　MA: Harvard University Press.

Carrol, D. W.(1994), *Psychology of Language.* Pacific Grove:
　　Brooks/Cole.

Conant, S.(1987). "The relationship between age and MLU in young children: A second look at Klee and Fitzgerald's data," *Journal of Child Language,* 14, pp. 169-173.

Dethorne, L. S., Johnson, B. W., & Loeb, J. W.(2005). "A close look at MLU: What does it really measure?," *Clinical Linguistics & Phonetics,* 19-8, pp. 635-648.

Dunn, L. M. & Dunn, L. M.(1981). *Peabody Picture Vocabulary Test-Revised.* Circle Pines, MN: American Guidance Service.

Dunn, L. M. & Dunn, L. M.(1997). *Peabody Picture Vocabulary Test-III.* Circle Pines, MN: American Guidance Service.

Fleege, P. O., Charlesworth, R., Burts, D. C. & Hart, C. H.(1992). "Stress begins in kindergarten: A look at behavior during standardized testing," *Journal of Research in Childhood Education,* 7, pp. 20-26.

Hickey, T.(1991). "Mean length of utterance and the acquisition of Irish," *Journal of Child Language,* 18, pp. 553-569.

Klee, T. & Fitzgerald, M. D.(1985). "The relation between grammatical development and mean length of utterance in morphemes," *Journal of Child Language,* 12, pp. 251-269.

Miller, J. F. & Chapman, R. S.(1981). "The relation between age and mean length of utterance in morphemes," *Journals of Speech and Hearing Research,* 24, pp. 154-161.

Nelson, K. (1986). *Event knowledge: Structure and function in development.* Hillsdale, NJ: Lawrence Erlbaum Associates, Inc.

Pena, E., Iglesias, A. & Lidz, C. S.(1978). "Reducing test bias through dynamic assessment of children's word learning ability," *American Journal of Speech Language Pathology,* 10, pp. 138-154.

Rondal, J. A. & Defays D.(1978). "Reliability of mean length of utterance as a function of sample size in early language development," *Journal of General Psychology,* 133, pp. 305-306.

Rondal, J. A.(1978). "Maternal speech to normal and Doen's syndrome children matched for mean length of utterence," In C. Meyers (ed.) *Quality of Life in Severely and Profoundly Mentally Retarded People: Research Foundation for Improvement,* Washington DC: American Association on Mental Deficiency.

Rondal, J. A., Ghiotto, M., Bredart, S. & Bachelet, J. F.(1987). "Age-relation, reliability and grammatical validity of utterance length," *Journal of Child Language,* 14, pp. 433-446.

Scarborough, H., Rescorla, L., Tager-Flusberg, H., Fowler, A. & Sudhalter, V.(1991). "The relation of utterance length to grammatical complexity in normal and language-disordered group," *Applied Psycholinguistics,* 12, pp. 23-45.

Ukrainetz, T. A., Ghiotto, M., Bredart, S. & Bachelet, J. F.(1995). "Age-relation, reliability and grammatical validity of measures of utterance length," *Journal of Child Language,* 14, pp. 433-446.

상호작용 능력 발달

1. 주제 전개 방식

2. 맞장구 전략

3. 응대 방법

구어 능력 발달 연구

상호작용 능력 발달

대화는 상호작용적인 언어활동이다. 화자의 말하기와 청자의 듣기가 공존하며 화자와 청자의 역할이 상호 교체되고 선행 화자와 후행 화자의 발화가 수행하는 화행이 인접쌍을 구성하는 등 긴밀한 상호작용이 발생한다. 그리고 대화 행위 과정에서 구성된 대화텍스트는 대화 참여자가 공동으로 구성한 결과물이다. 대화 행위를 '발화 행위 〈 참여 행위 〈 교환 행위 〈 단계적 진행 행위(장경희 1997)'의 계층적인 구조로 본다면, 대화의 단계적 진행 행위는 상대방의 행위와 적절하게 반응하며 공동으로 텍스트를 구성하고자 하는 의도를 보일 때 가능해진다. 이때 관여하는 언어 능력이 상호작용 능력이다. 참여자의 상호작용 능력에 따라 대화는 발화 행위 단계에서 중단될 수도 있고 여러 차례의 교환 행위를 구성할 수도 있게 된다.

구어의 발달에서 상호작용 능력은 교환 행위를 구성하는 단계에서 출발한다. 선행 연구에서 아동의 상호작용 능력은 '말에 대한 반응하기', '발화 유형에 따라 다양한 반응하기', '주제 시작하기', '잘못된 의사소통 수정하기', '대화 이어가기와 유관성 있는 반응하기', '대화 주제와 관련 있는 이야기하기'(이현진 외 역 2001: 319-334) 등의 활동으로 발달해 나간다고 보고하고 있는데, 이에 따르면 교환 행위 구성에서 단계적 진행 행위를 가능하게 하는 상호작용 능력을 학령 전 아동기에 이미 습득하고 있다고 할 수 있다. 그러나 학령 전 단계에서 이루어지는 대화는 일관성 있는 주제 지속이나 주제 확장이 이루어지지 못하며, 반응 행위도 적절하지 못한 경우가 많다. 상호작용 능력은 학령기 이후 단계에서 지속적으로 주제의 확장과 요구와 응대 행위의 적절성 면에서 발달해 나간다.

상호작용 능력은 화자, 청자의 역할에 따라, 주제에 따라 다양한 차원에서 존재하기 때문에 발달 과정을 음운 능력이나 어휘 능력과 같이 특정 언어 단위에서 고찰하기 어려운 면이 있다. 그런 까닭으로 이 장에서는 상호작용 능력의 발달 과정을 고찰할 수 있는 핵심적인 영역과 분석틀을 일차적으로 제안해 보고자 한다. 먼저, 상호작용 능력의 핵심은 공동으로 구성하는 대화 텍스트에 있다고 보고, 초등학생을 대상으로 대화 주제 전개 방식을 살펴본다. 주제를 도입하고 전환하는 데 가장 많이 사용하는 질문 화행이 주제 전개에서 보이는 기능을 분석함으로써 초등학생 단계에서 이루어지는 주제 전개의 수준을 가늠하여 본다. 다음으로, 초등학생부터 성인까지를 대상으로 맞장구 수행의 발달적 변화를 살펴본다. 청자로서의 상호작용 능력은 듣기에 있다. 효과적인 듣기는 상대방의 발화를 지속하게 해주고 대화를 심층적으로 이끌어나가게 한다. 듣기 능력은 선행 발화에 대한 지지나 동의를 표명하는 맞장구를 통해 구체적으로 드러나기도 한다. 이에 여기서는 연령과 성별 변인에 따른 맞장구 실태를 조사하여, 맞장구 수행의 적절성 여부를 가늠할 수 있는 기준을 제시하고자 한다. 마지막으로, 화행 수행에서 드러나는 상호작용 능력을 살펴보기 위해 질문에 대한 응대 방법을 분석하여 말하기에서 상호작용 능력의 일부 평가 항목과 기준을 제시하고자 한다. 상대방의 발화에 대해 즉각적으로 응대를 수행하며, 상대방의 발화 내용을 이해하고 요구한 내용에 적절한 내용의 응대를 하는 것은 화행 수행의 과정에서 드러나는 상호작용 능력을 가늠하는 핵심적인 영역이라 보기 때문이다.

이 장에서 분석 대상으로 삼은 피험자는 서울·경기 지역에 거주하는 초·중·고등학생과 20~30대 성인이며, 대화를 녹음하고 전사하는 과정은 3.1장에서 밝힌 것과 동일하다. 구체적인 피험자의 현황은 주제별로 차이를 보이므로 해당 절에서 밝히기로 한다.

1. 주제 전개 방식*

이 절에서는 질문 화행의 주제 전개 기능이 대화에서 실현되는 구체적인 구조와 양상에 대해 살펴본다. 진술, 질문, 명령, 청유 등의 화행 가운데 질문은 청자에게 정보를 요구하는 화행으로 청자의 언어적 응대를 필수적으로 요구하여 상호작용성이 다른 화행에 비해 강하다. 이러한 특성으로 인해 질문 화행은 대화에서 주제를 도입하거나 전개, 전환하는 데 주로 사용된다. 화·청자가 공동으로 구성하는 대화 텍스트의 주제 형성과 전개 수준을 평가하고 발달적 변화 과정을 이해하기 위해서는 질문 화행을 통해 수행되는 주제 전개의 맥락과 구체적인 주제 전개 양상에 대한 분석이 선행되어야 한다.

지금까지 화행 연구는 화행 수행의 구체적인 방법, 형식 등을 중심으로 논의되어 왔고, 특히 질문 화행의 경우 질문의 유형(이창덕 1992), 기능(이원표 2002)1, 질문-대답의 인접쌍(이은영 1998,

---

* 이 절의 내용은 김정선·이필영(2008) "질문의 주제전개 기능"(한국언어문화 35집)의 논문 내용을 바탕으로 한 것이다.

1 이원표(2001: 406-411)에서는 청문회에 나타난 질문의 기능을 '정보 요구, 사실 확인, 답변 확인, 답변 선점, 의견, 의향 및 심경 묻기, 수사, 인지 및 지식의 확인, 해석의 확인, 해명의 요청' 등으로 분석한 바 있고, 김정선·장경희(2004)에서는 정보요구 기능, 확인 기능, 청자참여유도 기능, 발화 수정 기능, 간접 수행 기능, 오락 기능 등으로 분류한 바 있다.

류현미 1999) 등이 주로 다루어졌다. 이들 연구에서는 질문을 독립된 개별 단위로 떼어내어 분석하였는데, 실제 화행 수행은 대화, 토론, 발표 등 구체적인 담화 유형에서 실현되며 수행의 전 과정에 걸쳐 주제를 형성하며 진행되기 때문에 이들을 고려한 분석이 필요하다. 또한 주제 전개에 대한 연구는 전체 구조가 주로 논의되었고, 주제를 전개하는 데에 사용되는 발화의 특징에 대해서는 다루지 않았었는데,2 여기서는 이 부분에 주목하여 주제 전개에 사용되는 질문 발화를 화행의 관점에서 살펴본다.

이 절에서 분석 대상으로 삼은 자료는 초등학생의 일상 대화를 전사한 것으로, 대상자 수는 전 학년에 걸쳐 남녀 각각 10명씩, 총 120명이다. 일상 대화에서 성인의 주제 전개는 단절 등의 문제가 없이 비교적 원활하게 진행됨에 반해 초등학생은 상호작용 능력의 미숙으로 주제 전개의 단절 등 다양한 유형의 전개 양상이 관찰된다. 여기에서는 질문 화행이 수행하는 다양한 기능 중 주제 전개 기능이 있음을 확인하고, 질문이 실현되는 구체적인 맥락을 분석하여 주제 전개 구조의 유형을 크게 병렬적 주제 전개, 심화적 주제 전개, 주제 전개 단절로 구분하여 각각의 구체적 수행 양상을 살펴본다.

---

2 신지연(2004)에서는 논증 텍스트에서의 접속부사 '그러나'의 주제 전개 기능을 분석하였다.

1.1 질문 화행의 주제 전개 기능과 그 맥락

1.1.1 주제 전개 기능의 확인

질문은 자신이 가지고 있지 않은 정보를 대화 상대방으로부터 요구하는 것이 주된 기능이다. (1)과 (2)는 이러한 질문의 본질적인 기능인 정보 활동을 위해 수행한 질문의 예이다.

(1) 화자1: 음 너는 수학 잘해?
     화자2: 어 난 못해 쫌밖에.

〈초등 1년, 남〉

(2) 화자2: 니네 오빠, 니네 오빠, 몇 살 몇 살이야?
     화자1: 있잖아~ 열두 살. 여기에 다녀. 오 학년이야. 오 학년 칠 반.

〈초등 3년, 여〉

(1)의 질문은 화자1이 지닌 '화자2는 수학을 잘한다'라는 정보가 맞는지 그렇지 않은지에 대한 판정을 요구하는 것이고, (2)의 질문은 '화자1의 오빠 나이'에 대한 정보 설명을 요구하는 것이다. 실제 대화에서 질문은 정보 활동 기능 이외에도 발화 수정 요구, 발화 반복 요구, 간접 화행(indirect speech acts) 등의 다양한 기능을 수행한다는 사실이 밝혀진 바 있다(김정선·장경희 2004).

(3) 아동1: 야, 야, 그게 아니라, 그 중국에서 온 애가 누구지?
     아동2: 중국이 아니라 일본 아니야? 일본이겠지.

〈초등 3년, 남〉

(4) 아동1: 쉬운 거? 쉬운 거가 뭐 있을까? 너 그림 잘 그리지?

아동2: 어?

아동1: 너 그림 잘 그리지?

〈초등 1년, 여〉

(5) 아동1: 주술사가 왜 검 끼냐? 봉을 껴야지.

아동2: 워러검 좋아. 전사도 껴. 나 레벨 높아지면 그거 낄 건데.

〈초등 6년, 남〉

(3)-(5)는 모두 질문 화행으로 분류되는 것들이지만 그 기능을 살펴보면, (3)은 선행 화자의 발화 내용에 대한 수정을 요구하는 기능, (4)는 선행 화자의 발화를 반복하라고 요구하는 기능, (5)는 '주술사는 검을 끼지 않는다'는 진술의 기능을 수행한다.

그러나 이러한 질문의 기능은 질문과 대답이라는 인접쌍을 단위로 하여 분석된 것으로, 질문과 대답은 대화라는 구체적인 맥락 속에서 연쇄적으로 수행되며 대화를 전개시키는 기능을 지닌다. 이때, 질문은 단순히 화행을 수행하는 것뿐만이 아니라 내용 층위에서 볼 때 대화의 주제를 형성하는 기능도 함께 한다. 질문의 내용이 전체 대화의 주제 전개와 관련 있으며, 대화의 핵심은 주제를 중심으로 대화 참여자 간의 상호작용으로 진행되며 주제를 전개시켜 나가는 것이다.

(6) 화자2: 야 근= 야 근데 있잖아 어제-, 축구 봤냐?

화자1: 어.

화자2: 나는 못 봤는데 어떻게 됐= 맨 처음에?

화자1: 나는 쪼금- 쪼금 중간만 봤어. 근데 딱~ 봤는데,

화자2: 어.

화자1: 그거 하다가 딱~ 넣= 늘려고 하는데 골키퍼가 잡아가지고 튕겨나갔다? 〈초등 4년, 여〉

(6)에서 화자2는 어제 한 축구 경기에 대해 알고 싶고 이를 위해 화자1에게 '어제 축구 봤냐?'는 질문과 '나는 못 봤는데 어떻게 됐= 맨 처음에?'와 같은 질문을 하고 있다. 화행 수행의 층위에서 볼 때 화자2의 질문은 정보 요구의 기능을 수행하는 것이지만, 내용 층위에서 볼 때는 대화에서 나누고 싶은 주제를 질문의 형식으로 도입한 것이다. 화자1과 화자2의 질문과 대답이라는 상호작용을 통해 대화의 주제가 형성되고, 대화가 진행된 것이다.[3]

또한 질문은 선행 발화에 대한 정보를 요구하며 주제를 전개시키기도 한다.

---

3 그러나 대화에서는 (6)과 같이 대화를 통해 정보를 응대자로부터 얻기를 바라는 경우도 있지만 주제와 관련된 정보를 질문자 자신이 갖고 있으면서 이를 대화의 주제로 삼기 위해 질문의 형식을 취하는 경우가 있다.

(예) 화자2: 그런데 너는 보통 삐어 보= 다리 삐어 본 적 있어?
화자1: 어~ 지금 ((-))동안-, 한-, 서너 번쯤? ((가끔가다)).
화자2: 나는 태권도에서 처*음으로 한 적이 있는데, 스~ {들숨} 태권도 그때
딱~, 딱~ 달리기 하다가, 딱~ 뭐~ 엄지 손= 어~, 엄지발가락을 딱
구부러서 딱~ 넘어진 거야. 그때부터 딱~ 파랗게 멍이 든 거야. 그
래서 어떻게 걸을= 걸으는(걷는) 게 좀 힘들고 그랬거든?
화자1: 응.   〈초등 4년, 남〉

위 예에서 화자2는 화자1이 다리를 삐어본 적이 있는지 궁금해서 질문하였다기보다는 자신의 다리 삔 경험을 이야기하기 위해 질문으로 대화 주제를 도입한 것이다. 이때 화자1의 대답은 질문자인 화자2가 알고 싶어 하는 정보가 아니다. 화자2는 화자1의 대답과 관련한 발화를 하지 않고 자신의 말 차례에서 길게 자신의 경험을 이야기하고 있다. 이처럼 질문을 통해 대화 주제를 도입하는 것은 질문 화행이 가진 높은 상호작용성에 기인한 것으로 보인다. 청자의 언어적 응대를 필수적으로 요구하기 때문에 질문자는 자신의 발화를 시작하기에 앞서 자신이 이야기하고 싶어 하는 주제에 대한 청자의 경험 등을 질문하여 청자의 주의를 끌고, 주제의 범주를 한정지어 청자가 화자의 이야기의 내용에 대한 짐작을 할 수 있도록 하는 것이다. 물론 주제 도입은 진술, 명령 등 다양한 화행에 의해 이루어질 수도 있지만, 질문을 통한 주제 도입이 보다 상호작용성이 강한 방법이라 생각된다.

(7) 화자2: 민정이가 못 뽑혔어.[4]

　화자1: 왜?

　화자2: 걔는 말을 조금밖에 안, 안 하잖아.

〈초등 4년, 여〉

(7)에서 화자2의 진술 발화에 화자1은 그 이유를 묻는 질문을 하고 있으며, 이들 질문과 대답의 상호작용을 통해 '민정이가 뽑히지 못한 이유'라는 주제가 형성되며 주제가 전개된다. 물론 화자2의 진술에 대해 질문만이 가능한 것은 아니다. '나도 알아', '걔 말 못하잖아'와 같이 진술 발화로도 응대할 수 있지만, 응대 화행의 유형이 질문인지 진술인지는 대화 참여자의 주제에 대한 정보 보유 상태에 따라 결정된다. (7)의 예는 질문 화행으로 응대하는 것이 주제를 전개시키는 기능이 있다는 사실을 보여준다.

　이상의 질문 화행이 지닌 주제 전개의 기능은 질문 화행의 상호작용성으로 말미암은 것으로 보인다. 주제를 전개하는 데 질문을 사용하는 것은 대화의 진행에 보다 적극적으로 참여하는 태도를 보인다.

1.1.2 주제 전개 기능 유발의 맥락

　다음은 주제 전개 기능을 수행하는 질문의 맥락적 구조를 살펴보자. 질문의 주제 전개 기능을 유발하는 맥락은 질문 화행 단독으로 수행되는 경우가 가장 많으며, 진술 화행이나 메타 화행(meta speech acts) 등과 함께 수행되는 경우도 있다.

---

4 이 책에서 제시된 대화 예문의 인명은 익명성을 위해 가명으로 한다.

주제를 전개하는 질문은 대부분 질문 화행이 단독으로 수행되는 경우가 많고, 이때 질문은 선행 발화와 결속성을 지니고 있어야 한다.

(8) 화자2: 난, 음- 금요일이 제일 싫어.
　　화자1: 왜?
　　화자2: 밤에 하는 게, 다 무서운 거야.
　　화자1: 뭐가 무서워?
　　화자2: 내가, 그동안 쌓은- 경험으로 봐서 [1금요일에 무서운
　　　　　 거 최고 많이 해.
　　화자1: 　　　　　　　　　　　　　　　　 [1어.
　　화자1: 뭐 뭐 하는데?
　　화자2: 몰라. 그거 다 외우지를 못했어. 언젠가는 외워서 들
　　　　　 려주마.

〈초등 4년, 여〉

(8)에서 화자1은 자신의 말차례에서 질문 화행만으로 대화 주제를 전개한다. 첫 번째 질문은 화자2의 발화 이유를 묻는 것이고, 두 번째 질문은 무서운 대상을 묻는 것으로 이들 질문은 모두 화자2의 무서움이라는 주제로 묶일 수 있다.

위와 같이 하나의 말차례에서 한 개의 질문만이 아니라 여러 개의 질문이 동시에 오며 주제를 전개시키기도 하는데, 이때 두 개의 질문도 하나의 주제로 통합될 수 있어야 한다.

(9) 화자2: 김민정 너무 불쌍해.
　　화자1: 왜? 걔 어디 아프냐?
　　화자2: 응. 아프대서,

〈초등 5년, 여〉

(9)에서 화자1은 화자2의 발화에 대해 질문을 하며 대화 주제를 전개하는데, 이때 하나의 질문 화행이 아닌 '왜?'와, '어디 아프냐?' 라는 두 개의 질문 화행으로 수행한다. 화자1의 두 질문은 화자2 의 '김민정 너무 불쌍해'라는 발화에 대해 그 이유를 물으며 자신 이 나름대로 생각한 이유에 대한 판정을 요구하여 하나의 주제로 볼 수 있다.

　진술 화행과 질문이 함께 수행되는 경우도 많다. 이때 진술 화 행은 질문 화행의 근거나 배경 정보를 제공할 수도 있고, 선행 발 화에 대한 응대와 이와 관련된 정보를 요구하는 것일 수도 있다.

> (10) 화자2: 게임= 집에 가면-, [1게임 할 때도 있잖아,
> 　　　화자1: 　　　　　　　　[1어.
> 　　　화자1: 어.
> 　　　화자2: [1근데 몰 몰해?
> 　　　화자1: [1((-)).
> 　　　화자1: 나?
> 　　　화자2: 어.
> 　　　화자1: 크레이지하고 플레쉬 게임 그리고, 다음에- 인터넷에
> 　　　　　　　들어가 가지고, 그거 머드라, 야후 꾸러기에 들어가
> 　　　　　　　가지고, 게임 고스돕해.
> 　　　　　　　　　　　　　　　　　　　　　〈초등 1년, 남〉

(10)에서 화자2의 진술 화행 '게임 할 때도 있잖아'는 다음 말차 례에서 나오는 '근데 몰 몰해?' 질문을 위한 배경 정보 제공을 수 행한다.[5]

　진술 화행이 선행 발화의 응대를 수행하고 여기에 질문 화행이

---

5 이런 성격의 진술 화행은 질문의 수행성을 강화시키는 것으로 파악된 바 있 다(김정선 · 장경희 2005)

덧붙는 구조로 대화 주제를 전개시키기도 한다. 이때 응대와 질문의 주제가 동일한 것이어야 한다.[6]

> (11) 화자1: 나도 엄마한테 안경이나 맞춰 달라고 그럴까?
> 화자2: 야 너 너 너 눈 잘 보이잖아. 내가 안경 새로 맞출까?
> 〈초등 5년, 여〉

(11)에서 화자2의 응대와 후행 질문은 '안경'이라는 동일한 주제에 대한 것이다.

대화에서 질문은 제시된 주제를 전개시키고자 메타 화행과 함께 나타나기도 한다. 질문의 수행성을 강화하는 것으로, 주로 명령문이 사용된다.

> (12) 화자2: 근데- 너 누구 좋아해?
> 화자1: [1나?
> 화자2: [1사실대로 얘기해. & 나도 ((-)). 내= 나도 누구 좋
> 아하는지 말해줄게.
> 화자1: 유미.
> 〈초등 1년, 여〉
> (13) 화자2: 근데, 너는, 너는- 민정이가 좋아, 현주가 좋아, 내가
> 좋아. 얘기해 봐-.
> 화자1: 다 좋아.
> 〈초등 3년, 여〉

---

6 응대의 주제와 질문의 주제가 다를 경우는 다음 예에서 보듯이 주제 전환이 일어나는 것으로 진행되던 주제의 단절을 의미한다.

(예) 화자1: 역시 우리 학교는 역시 정말 너무 좋아, 그치.
화자2: 응-. 야 근데 너, 국사 퀴즈 뭐 할 거야? 〈초등 5, 여자〉

(12)와 (13)에서 화자2는 '너 누구 좋아해?'와 '유미가 좋아, 현주가 좋아, 내가 좋아'의 질문을 수행하며 '사실대로 얘기해'와 '얘기해 봐'의 명령문으로 수행되는 메타 화행이 함께 출현한다. 이런 메타 화행은 질문의 수행성을 강화하는 동시에 대화의 주제 전개를 강화하기도 한다.

질문 자체가 메타 화행으로 수행되며 주제를 전개시키는 경우도 있다. 자신이 전개하고자 하는 주제를 질문의 형식으로 제안하는 것이다. 내용에 대한 질문이 아닌 화행 수행에 대해 질문의 형식을 취하는 것이다.

> (14) 화자1: 근데- 내가 뭐 말해줄까? 박상혁한테 내가-,
> 화자2: 응.
> 화자1: 좋아한다고 쪽지를 보냈다?
> 화자2: 박상혁이 젤 싫어하는 게 뭔지 알려줄까? 막~ 자기 좋아한다면서 쪽지 보내는거야. 김민정이 보냈대. 막~ 짜증낸대. 내가 박상혁이 좋아하는 방법 알려줄까? 좀 터프하게 굴어봐 걔한테. & 그리고 약간 짓궂게.
> 화자1: 〈웃음/히히〉
> 〈초등 4년, 여〉
> (15) 화자2: 우리 게임 얘기 말할래? 좋아하는 게임.
> 화자1: 그래.
> 화자2: 넌 [1모 좋아해?
> 화자1: [1나는 좋아하는 게임이 크레이지 아카이든데, 우리 삼촌은 컴퓨터도 고장났고 삼촌은 ((-)).
> 화자2: 우리는- 우리는- 있잖아, 컴퓨터가 없어.
> 〈초등 1년, 여〉

(14)에서 화자1은 질문으로 일단 대화 참여자에게 전달할 정보가 있는데 전달받을 의사가 있는지를 제안하는 메타 화행을 수행하고, 화자2는 주제에 대해 제안하는 질문으로 메타 화행을 수행한다. (15)에서도 '우리 게임 얘기 말할래?'라는 질문으로 주제를 제시하는 메타 화행을 수행한다.

질문 자체가 메타 화행을 수행하는 경우는 자신의 발화 수행 여부를 확인할 때에도 사용된다.

> (16) 화자1: 요새 오빠 말을 계속 잘 듣고 있지. 〈웃음〉
> 화자2: 〈웃음〉
> 화자1: 어제는, 내가 말했나?
> 화자2: 뭐?
> 화자1: 막~ 공부를 하는데, 거울을 갖다 달라, 뭐~ 콜라를 따라와라, 컴퓨터를 ((틀어서)) 내 심부름을 하라.
> 〈초등 6년, 여〉

(16)에서 화자1은 주제를 전개시키며 자신의 선행 발화를 점검하는 데에 질문을 사용한다. 이러한 메타 화행은 대화의 주제 전개를 조절하는 기능을 수행하는 것이다.

1.2 질문의 주제 전개 양상

1.2.1 병렬적 주제 전개

일상 대화에서 질문과 대답의 연쇄로 대화가 진행되는 경우에 병렬적 주제 구조를 형성할 수 있는데, 이때 연속되는 질문의 내용은 나열적인 특성을 지니고 있다.

> (17) 화자1: 그러면 니(너)-, 침대에서 자?
> 　　　화자2: 으으음! {부정의 의미} & 아니?
> 　　　화자1: 으으음-, 그러면, 신문지에서 자 본 적 있어?
> 　　　화자2: 은능. {부정의 의미} 아니?
> 　　　화자1: 그럼 텐트에서 자 본 적 있어?
> 　　　화자2: 있어! 아, 없어 없어.
>
> 　　　　　　　　　　　　　　　　　　　　　〈초등 2년, 남〉

(17)을 보면 질문자와 응대자는 대화 내내 질문과 단답식 대답으로 대화를 진행한다. 이러한 질문-대답으로 주제가 나열적으로 제시되는 경우는 성인의 대화에서는 처음 만나는 사이에서나 볼 수 있다. 주소, 이름 등등 개인의 신상 정보에 대해서 물을 때 병렬적으로 주제가 전개되고, 좀더 대화가 진행되면 이러한 양성은 주제 전개 양성은 보기 힘들다. 대개는 대화 참여자 모두가 관심 있어 하는 하나의 주제를 중심으로 심층적으로 파고드는 것이 보통이다.

병렬적 주제 전개는 주로 저학년의 자료에서 나타나며, 질문의 본래 기능인 정보 요구를 위한 질문이라기보다는 서로 질문과 대답으로 말을 주고받는 행위 그 자체만을 위한 것이다. 질문과 대답으로 정보가 오가고 있지만 구체적으로 질문과 대답의 내용을 살펴보면 나열적 주제로 화자가 정보를 요구하는 진정성이 떨어지는 질문들이다.

> (18) 화자2: 그럼, 너-, 새 키워 봤어?
> 화자1: 어, 키워 봤어.
> 화자2: 토끼는?
> 화자1: 키워 봤어.
> 화자2: 강아지.
> 화자1: 강아지? 키워 봤어.
> 화자2: 그럼, & 그럼 고양이?
> 화자1: 어!
> 화자2: 그럼-, 음-. & 그럼 너-, 병아리 키워 봤어?
> 화자1: 병아리? 어.
> 화자2: 닭 키워 봤어?
> 화자1: 어.
>
> 〈초등 2년, 남〉

(18)에서 화자2는 화자1에게 키워본 동물의 종류를 계속 물어보고 있다. 단순히 키워본 동물의 종류를 확인하고자 하는 것인데, 이 대화에서 화자2가 화자1의 경험을 물어보는 실제 이유는 단지 녹음 시간을 보내기 위해서이다. 즉, 나열적 주제로 연속되는 대화는 주제 전개가 심화되지 않아 단순 사실을 확인하는 차원에 머무른다. 발화의 연쇄로 내용 진행이 이루어지는 것이 아닌 것이다. 만약, 이러한 병렬적 주제 전개가 성인의 대화에서 발생한다면 대화 참여자들은 형식적으로 대화에 참여하고 있다는 기분을 갖게 될 것이고, 얼마 지나지 않아 대화는 중단될 것이다.

1.2.2 심화적 주제 전개

화자와 청자의 상호작용으로 대화의 주제는 심화되기도 하는데,
이때 화자가 주도적으로 대화 주제를 전개하는 데에 질문을 사용
하기도 하고, 청자가 질문하여 주제가 전개되기도 한다. 또한, 화
자와 청자의 질문과 대답이 대화 전개의 주된 화행이 되기도 한다.

먼저, 화자 자신이 정보를 전달하며 주제를 전개시키는 경우부
터 살펴보면, 질문자는 청자의 정보 상태를 점검하기 위해 질문
을 하기도 한다.

> (19) 화자1: 처음 보는 게임. 카스 진짜 재미있어. 우리 형은
> 막~ ((칼자도 안 세)) 그래가지고 칼 가지고 바꿔
> 가지고 칼 막~ 했는데 내가 졌어. 야 너 람보 총
> 아냐?
> 화자2: 아니.
> 화자1: 람보 총 몰라?
> 화자2: 응.
> 화자1: 람보 총 있는데 막~ 뭐지? 마우스 누르고 있으면
> 계속 바바박 뜬다?
> 화자2: 응.
> 화자1: 그거 딱~ 근데 있잖아, 딱 맵이 어떻게 생겼냐 하
> 면 동그랗게 생겼어 그래 가지고 무기가 탁 쫙- 깔
> 려있다 이렇게, 나 있고, 형아 있어. 그래가지고 여
> 기는 숨는 거 있잖아 이렇게 있고, & 싸움을 했다?
> 〈초등 5년, 남〉

(19)에서 화자1은 게임 내용을 설명하며 '람보총'에 대해 아는지
물어보고, 모른다고 하자 자세히 설명한다. 상대방의 정보 상태에

대한 점검 질문은 자신의 진술 내용을 보다 효과적으로 전달하기 위한 전략으로 파악된다. 스스로 주제 전개의 효율성을 높이기 위해 진술로 주제를 전개하는 도중 설명이 필요할 것이라 예상되는 내용에 대해 질문하여 청자의 이해도를 높이기 위한 것이다.

　화자 자신이 주제를 전개하며 질문을 전략적으로 사용하는 또하나의 예는 '-ㄴ/ㄹ 줄 아니?' 형식의 질문을 사용하는 것이다. 대화의 주제를 전개하면서 화자는 청자의 관심을 지속적으로 유지하고자 하는 의도로 자신이 가지고 있는 정보를 '-ㄴ/ㄹ 줄 아니?'와 같은 질문으로 일단 상대방에게 요구하는 것이다.

> (20) 화자1: 그래. 나도 오늘 사실은 늦잠 잤어. 어저께 하하님 (하나님)한테 기도하고, 국=굳게 마음먹고 잤거든? 일찍 일어나기로? 그런데 내일 어~ 오늘 아침에 일어나 보니깐, 몇 시에 일어났는 줄 아냐? 내가?
> 　화자2: 몰르지(모르지)-.
> 　화자1: 일곱시 이십분에 일어났단다. 그래서 나 화장실로 막 달려 가가지고서는 나도, 미치도록 빨리빨리 했잖아, 오늘. 그래서나 오늘, 정신이 비몽사몽이야. 비몽사몽. 〈웃음/하하〉
>
> 　　　　　　　　　　　　　　　　　　　　　　〈초등 2년, 여〉

(20)의 질문에 대한 답은 질문자 자신이 가지고 있다. '-ㄴ/ㄹ 줄 아니?' 질문을 하는 화자는 질문이 가진 응대의 필연성에 의해 자신의 발화에 청자의 관심과 흥미를 증가시키기 위해 질문을 한다. 이러한 질문은 질문자 자신이 주제 내용을 질문으로 전개하며 형식적으로는 청자의 대답을 요구하는 것으로 보다 적극적인 상호작용을 통해 대화에 참여하는 태도를 보여준다.

　다음은 청자의 질문에 의해 주제가 전개되는 양상을 살펴보기로 한다. 일상대화에서 화자가 주제를 도입하였을 때 청자가 아무 반응을 하지 않으면 대화는 성립되지 않는다. 이때 청자는 화자가 제시한 주제에 대해 관심을 보여야 되며, 이러한 관심은 주로 질문의 형식으로 드러나게 된다. 청자의 질문은 선행 발화에 대해 보충 정보가 필요한 경우, 선행 발화와 관련하여 추론한 내용을 확인하는 경우, 선행 발화 내용을 청자 스스로 보충하며 이에 대한 확인을 하는 경우 등으로 구분된다. (21)의 예는 선행 발화에 대한 보충 정보가 필요한 경우이다.

> (21) 화자1: 너 장래희망은 뭐야, 근데?
> 화자2: 나는 엄마, 엄마랑 똑같이 바이올린 선생님.
> 화자1: 야, 너네 엄마 바이올린 선생님이었냐?
> 화자2: 어.
> 화자1: 지금도 바이올린 선생님이야?
> 화자2: 어. 민정이 언니 가리키고 있어.
> 화자1: 민정이 언니가 누군데?
> 화자2: 어. 우리 엄마가 가리키는 학생이야.
>
> 〈초등 2년, 여〉

(21)에서 화자1은 화자2의 발화에서 '민정이 언니'라는 사람에 대한 정보를 가지고 있지 않아 이에 대한 정보를 요구한다. 선행 발화 가운데 모르는 정보가 있는 경우, 이를 해결하지 않으면 대화는 더 이상 진행될 수 없다. 대화 참여자의 정보가 모두 동일하지 않기 때문에 대화를 진행시킬 때에는 정보 보유 상태에 대한 참여자들의 점검이 필요하며 이를 질문으로 수행하며 주제를 전개시킨다.

선행 화자의 발화 가운데 정보가 필요한 부분을 요구하는 데에는 의문사가 많이 사용된다. (22)-(25)에서 보는 바와 같이 '왜, 뭐, 어디, 누구' 등 다양한 의문사가 사용된다.

(22) 화자2: 나 유치원 때 목 뿌러지는 줄 알았어.

　　화자1: 왜?

　　화자2: 선생님이 하도 키가 크잖아. 근까 이러구 보고 있었 거든? 근데 목이 이렇게 올라가니까 여기가 아프잖 아. 생각을 해봐라? 유치원 공부시간도 쫌 길잖아. 근데 그때는 항-상 이러구 이케 고개를 이케(이렇게) 쳐들고 공부를 해봐라 얼마나 아픈데. 그리구-

〈초등 3년, 여〉

(23) 화자2: 그래서 깔았거든? 꽤 됐는데-, 근데 그 이천 이-, 별 로 그렇게 글씨 색깔 많아진 거 빼고는,

　　화자1: 진짜?

　　화자2: 글씨 색깔 장난 아니야. 사용자 정의가 생겼어.

　　화자1: 뭐 뭐 생겼어? 아~ 그니까 막 ((흐림강도)) 그런 거?

　　화자2: 어.

〈초등 6년, 여〉

(24) 화자1: 어~ 울 엄마가, 야 진짜 우리 거기 단골됐다-?

　　화자2: 어디?

　　화자1: 그- [1덤블링장.

　　화자2: 　　　[1아, 거기 덤블링장?

〈초등 5년, 여〉

(25) 화자1: 걔랑 친한 사람 의견에만 그거 존중하고

　　화자1: 친하지 않은 사람은 "그래, 니 혼자 그 쪽으로 가" 이래.

　　화자2: 응.

　　화자1: 나한테도 막~ 그러거든. 얼마나 짜증나겠냐, 인간이, 진짜.

화자2: 어.

화자2: 걔랑 친한 애가 누군데?

화자1: 그러니까 뭐~ 우리 동네 경수,

〈초등 6년, 여〉

   화자가 주도적으로 주제를 전개하는 상황에서 청자는 단지 화자의 발화를 수용하기만 하며 대화에 참여하지는 않는다. 잘 알려진 대로 청자는 대화가 진행되는 동안 '응, 어' 등과 같은 간투사나 눈맞춤, 고개 끄덕거리기와 같은 신체 언어를 통해 끊임없이 청자 반응신호(backchannels)를 보내며 대화에 참여한다. 보다 적극적으로 대화에 참여하는 청자는 화자의 발화에 질문을 하며 대화의 주제를 전개시킨다. 청자는 화자의 발화와 관련해 자신이 가지고 있는 세상 지식, 이미 알고 있는 정보 등을 토대로 스스로 추론한 내용을 질문하며 대화 주제를 전개하기도 한다. 즉, 선행 발화에 대한 단순 확인 질문이 아닌 판단이 들어간 질문을 수행한다.

(26) 화자1: 그리구 여= 어떤 여자, 여자애-, 여자 여자애 있잖아, 여자애를 또 우산을 씌워주고 있는 거야. 근데 그 광고가 뭐였을 줄 알아? 그 광고가 그, 그 남자, 남 자애가 진짜 착하다고 뉴스에 나온 거야. 암말도 안 하= 아무 말도 안 하고, 혼자서 그~ 다른 사람 씌워 주가지구(줘가지고) 착하다고 광고에 나왔어.

화자2: 그게 착해?

화자1: 착한, 착= 몰라! 착한 애들이라고 그 때 나왔어, 만 화책으로 봤거든 나는-. 그~ 글씨로는 그림을 잘 몰 르잖아-. 그래서, 친구랑 같이 봤거든. 무서웁진 않았 어. 그래가지구 그거를 그냥 봤어-. 그래 가지구 그 아이가, 어? 〈초등 4년, 여〉

(27) 화자2: 근데~ 괴롭히는 왕따였거든? 근데~ 그래도 몇, 우리
　　　　 반의 삼분의 이는, 나를 싫어했지만, 그래도 그렇지
　　　　 않은 애들도 있었다? 그래서 다행이었지. [1그래서,
　　화자1:　　　　　　　　 [선생님 알았어?
　　화자2: 어. 선생님 알았지.

〈초등 5년, 여〉

(28) 화자2: 아휴. 아 나 엄마한테 말하려고 했는데-.
　　화자1: 응.
　　화자2: 못 말하겠어.
　　화자1: 혼날까봐?
　　화자2: 안- 된다고 하겠지. 당연히.

〈초등 5년, 여〉

(26)-(28)은 사건과 관련된 정보에 대해서 묻는 것으로, 선행발화
에서 주어진 정보 안에서 혹은 단편적 수준에서가 아닌 사건에
대한 전형적인 도식 구조를 지니고 있어야 질문할 수 있다. (26)
에서는 '우산을 씌워주는 일이 착한 일이다'라는 도식에 대해 의
문을 제기하는 질문이다. (27)은 왕따 문제에 대해 선생님이 알고
있는지를 물어보고 있는데, 왕따와 관련된 정보 가운데 선생님이
알고 있는지의 여부가 문제를 이루는 한 축으로 볼 수 있다는 정
보를 가지고 있어야 질문할 수 있다. (28)에서 화자1의 질문도
엄마한테 말하려고 했는데 못한 이유에 대한 정보를 추론할 수
있어야 질문할 수 있다. 이러한 추론에 근거한 질문은 비교적 높
은 학년에서 볼 수 있다.

　청자의 질문이 대화 주제를 전개하는 경우, 선행 화자의 발화
를 보충하면서 이를 확인하고자 질문하며 대화에 참여하기도 한
다. 청자가 적극적으로 참여하는 태도를 보이는 경우이다.

(29) 화자1: 그땐 대본이 없어갖고 연습을 못했고,

　　　화자2: 응.

　　　화자1: 뭐~ 그냥 뭐~ 그냥 컴=

　　　화자2: 비디오 같은 거 봤어?

　　　화자1: 어. 그랬다? 그르= 근데, 아니 비디오 안 봤어.

　　　화자2: 진짜? 그때 비디오 봤었잖아. 라이온킹이던가?

〈초등 5년, 여〉

(29)에서 화자2는 화자1의 발화를 보충해 준다. 화자2가 보충한 정보는 화자1이 말하고자 하는 정보인지 확실하지 않기 때문에 이에 대한 확인을 위해 질문한다. 화자2의 질문은 화자1이 전달하고자 하는 주제에 대해 화자2도 적극적으로 관심을 지니고 있으며 함께 대화를 진행시켜간다는 태도를 보여준다.

앞서 심화적 주제 전개가 화자와 청자 어느 한 사람 주도로 이루어지고, 주제 전개에 필요에 따라 전략적으로 질문을 사용하는 경우를 살펴보았는데, 이제 마지막으로 질문과 대답의 연쇄로 주제가 심화되는 경우를 보기로 한다. 질문자가 자신이 관심 있어 하는 내용에 대해 계속 질문하며 대화가 전개되는 것으로, 질문의 내용이 선행 질문에 대한 대답을 토대로 심화되는 것이다.

(30) 화자2: 야 야, 나- 자명종 시계 안 울리면 나- 계속 자. 못

　　　　　　일어나. [1그래서,

　　　화자1: 　　　　　　[1니네 엄마가 안 깨워줘?

　　　화자2: 어.

　　　화자1: 왜?

　　　화자2: 일 가시니까.

　　　화자1: 몇 시에?

　　　화자2: 아빠도 여섯시에 나가고, 아빠엄마도 여섯시에 나가

고. [1그래갖고,

회자1:　　　[1왜 이렇게 일찍 나가?

화자2: 몰라. 요즘에 일찍 나가거든? 그래서 어쩔 수 없이 내가 이제 일곱 시에 일어나야 돼. 여덟 시에 맞출 수는 없잖아, 아무리 졸려도. [1그러니까.

화자1:　　　　　　　　　　　　[1밥도 니가 다 차려 먹어야 돼?

화자2: 어. 밥은 아빠가 다 해놓고 가지. 아빠나 엄마가. 그냥 가끔씩 내가 방 쓸고 아르바이트를,

〈초등 6년, 여〉

(30)에서 화자2가 아침에 일어나는 것에 대해 얘기하는데, 이와 관련하여 화자1이 계속 질문하고 이에 화자2가 대답하며 주제가 심화된다. 질문하는 화자1은 선행 발화를 토대로 이와 관련된 질문을 계속한다. 질문하는 화자1은 매우 적극적으로 대화에 참여하며 화자2와의 정보 공유를 이루어가고 있다.

1.2.3 주제 전개의 단절

일상대화에서 진행되던 주제가 단절되는 경우는 그리 많지 않다. 주제가 단절된다는 것은 대화가 중단된다는 의미로 대화 참여자들 간의 갈등이 심한 경우가 아니면 바로 회복되어 전개가 이어지는 경우가 대부분이다. 여기에서는 대화가 중단되는 경우보다는 진행 중인 주제가 질문으로 단절되는 경우를 살펴보기로 하자.

질문자의 질문에 응대를 해야 할 응대자가 자신이 받은 동일한 질문을 질문자에게 다시 질문하는 것은 질문으로 주제를 전개시

키려는 화자의 의도에 어긋나는 응대이다. 동일 질문으로 하는 응대는 응대를 회피하려는 의도로 해석되어 주제 전개 단절을 가져오게 된다.

> (31) 화자2: 야, 해야지, 상혁아,
> 　　　화자1: 왜.
> 　　　화자2: 너 있잖아, 책 많이 읽어?
> 　　　화자1: 넌?
> 　　　화자2: 안 읽어 많이?
> 　　　화자1: 넌?
> 　　　화자2: 나도 피곤할 때는 조금밖에 안 읽어.
> 　　　　　　　　　　　　　　　　　　　　　　　〈초등 1년, 남〉
> (32) 아동1: 니 옛날에, 뭐지 이영희 선생님이 좋냐 아니면 지금
> 　　　　　　선생님이 좋냐?
> 　　　아동2: 너는?
> 　　　아동1: 니 먼저 말해-.
> 　　　　　　　　　　　　　　　　　　　　　　　〈초등 4년, 남〉

(31)과 (32)에서 응대자들은 질문에 바로 응대를 하지 않으려고 하며 자신이 받은 질문을 다시 질문자에게 되돌려 한다. 이러한 질문에 대한 동일 질문으로의 응대 질문은 주제 전개를 일시적으로 단절시키는 결과를 가져오고, (32)에서와 같이 응대자의 순서를 정하는 발화 '니 먼저 말해' 등으로 해결을 시도하기도 한다. 이러한 질문은 질문자가 질문으로 제시한 주제에 대해 비협조적인 응대 태도를 보여 주제 전개를 어렵게 한다.

　위와 대조적으로 질문자의 질문과 동일한 질문을 하는 경우, 질문에 대한 응대를 수행하고 질문을 하는 것은 주제 전개를 자연스럽게 한다.

(33) 화자1: 아~ 민정이- 뭐~ 민정이-, 너랑- 친하냐고-.

　　 화자2: 어 친해. 왜? 니는(너는)?

　　 화자1: 나? 어~ 친해. 한, 한 일 학년 때부터 친했어.

　　 화자2: 음~ 나는 현주 일 학년 때부터 친했는데 니는(너는)?
　　　　　 현주=랑 친해 안 친해?

　　 화자1: 나? 뭐~ 그럭저럭.

　　　　　　　　　　　　　　　　　　　　〈초등 3년, 여〉

(33)에서 화자2는 화자1의 질문에 대답을 하고 다시 화자1에게 자신이 받은 질문과 동일한 질문을 하고 있다. 이는 스스로 내용을 확장하는 것이 아니라 질문 화행을 통해 화행을 확장하는 것으로 다른 화자로 하여금 발화의 기회를 넘겨주는 것이기 때문에 상호작용성이 높은 질문이다.

　일상 대화에서는 발화 중간에 진행 중인 주제와 관련 없는 질문이 끼어들어 주제 전개가 단절될 수 있다.

(34) 화자2: 그리구- 내가 후회한 점은,

　　 화자1: 응.

　　 화자2: 〈한숨/후〉 걔도,

　　 화자1: 응.

　　 화자2: 여자 친구도 많고-,

　　 화자1: 응.

　　 화자2: 여자애들이 걔를 더 좋아해서 그런 거야.

　　 화자1: 근데 왜 이렇게 귀가 크니?

　　 화자2: 우리 언니가 귀 만져서 그래, 짝째기야-. 우리 언니
　　　　　 가 이렇게 귀 만지면 이쪽은 커지고, 한쪽은 커지고
　　　　　 [1요기는 작아지고=

　　 화자1: [1근데 민정아? 박상혁은-,

화자2: 응.
화자1: 〈한숨/휴우우~〉 사실, 이건 말하= 그때 내가-,

〈초등 1년, 여〉

(34)의 대화에서 화자1은 화자2가 전개하는 주제 '남자 친구에 대한 것'과 전혀 관련이 없는 화자2의 외모에 대한 질문을 하여 주제 전개를 단절시킨다. 그러나 진행 주제와 관련 없는 질문에 대한 응대가 있은 후, 바로 앞서 진행하던 주제로 되돌아와 다시 '남자 친구'에 대해서 대화하는데, 이러한 특성은 일상 대화가 지닌 같은 장소, 같은 시간에 있으면서 대화하기 때문인 것으로 파악된다. 즉, 글이나 발표와 같이 일방적인 소통 방식이 아니고, 같은 장소와 시간을 공유하기 때문에 대화 참여자의 상호작용이 활발하여 주제의 수정이나 원래 주제로의 회복이 빠른 것이다.

질문과 대답의 연속체로 진행되는 주제 전개에서, 제시된 주제의 범주들이 서로 상이할 경우에는 주제 전개의 결속성을 떨어뜨려 주제 전개 단절을 가져온다. 병렬적 주제 전개 구조 가운데 서로 다른 범주에 대해 질문을 연속적으로 할 경우 결국 통합한 주제 형성이 어려워 주제 전개의 단절이 일어난다.

(35) 화자2: 어떤 과목이 최고 재밌냐?
화자1: 난 미술.
화자2: 미술?
화자1: 응.
화자2: 왜?
화자1: 그냥.
화자2: 넌 만화 중에서 뭐가 최고 재밌어?
화자1: 나?
화자2: 응.

　　화자1: 응~ 난 어린이 드라마 좋아하는데?

　　화자2: 매직 키드 마수리 같은 거?

　　화자1: 응. 아하하.

　　화자2: 난 유치하던데.

　　화자1: 난 그게 재밌어!

　　화자2: 아~ 너 피파 이천일 있어?

　　화자1: 어.

　　화자2: 포켓몬[1스터 있어?

　　화자1: 　　　　[1근데(그런데) 안 해.

　　화자2: 포켓몬스터 있어?

　　화자1: 어.

　　화자2: 해리 포터 있어?

　　화자1: 아니.

〈초등 5년, 남〉

(35)의 화자들은 '과목, 만화, 드라마, 게임' 등에 대해 질문과 대답을 하며 대화를 진행시킨다. 그러나 (35)의 대화는 질문으로 제시된 주제 사이의 연관성이 떨어져 결국 주제 전개의 단절로 이어진다.[7]

1.3 요약

　이상에서 일상 대화에 나타난 질문이 주제 전개 기능을 수행하는 맥락 구조와 양상을 살펴보았다. 대화의 핵심은 대화 참여자가 상호작용하며 하나의 주제를 이끌어가는 것인데, 이때 질문은 다양한 기능을 수행한다. 초등학생의 대화에서 질문은 단독으로

---

7 (35)와 같은 질문으로 연속될 경우, 대화의 주제 전개를 이어가기 위해서는 질문자가 전개하는 주제가 결속성이 있도록 구성하여 질문하거나 응대자에게 적절한 응대를 수행하도록 요구할 수 있다.

실현되기도 하고, 진술이나 메타 화행과 함께 실현되며 주제를 전개하는 기능을 수행한다. 질문으로 주제를 전개시킬 때에는 주 제가 병렬적으로 전개되기도 하고 심화되며 전개되기도 한다. 병 렬적 주제 전개의 경우 질문은 주로 나열적 내용이 많이 나타난 다. 주제가 심화되는 경우에는 화자가 주제를 전개하며 청자의 정보 상태 등을 점검하거나 청자의 주의를 집중시키기 위해 질문 을 사용한다. 그리고 청자의 질문은 화자의 발화를 보충하거나 설명이 필요한 정보를 요구하기 위해 사용한다. 질문-대답이 연 속되며 주제가 전개될 때에는 선행 질문에 대한 대답을 토대로 질문이 구성된다. 마지막으로 질문자가 한 질문과 동일한 질문으 로 응대하거나 상이한 내용의 질문을 연속적으로 하면 주제의 단 절이 오는 것으로 파악된다.

2. 맞장구 전략*

맞장구는 화자의 발화에 대하여 청자가 반응 표지로 행하는 보 조적인 말하기 행위로 대화의 상호작용과 진행에 중요한 기능을 한다. 화자가 말을 하는 도중에 청자가 언어적이나 비언어적인 반응을 보여주지 않으면, 화자는 청자가 발화 내용을 이해하고 받아들이는지에 대한 확신이 없어 대화를 진행해 나가기 어렵다. 이선민(1994)의 조사에서는 상대가 맞장구를 쳐주지 않으면, 기분 이 나쁘다는 응답이 11% 이상으로 나타났다고 한다.

대화의 맞장구 수행상의 특징을 결정짓는 요인은 '대화 내용', '상대방과의 심리적 거리', '개인의 언어적 습관', '개인의 심리적

---

* 이 절의 내용은 장경희 · 김순자(2008) "연령과 성별 요인에 따른 맞장구 수 행 실태 조사"(텍스트언어학 25집)의 논문 내용을 바탕으로 한 것이다.

상태', '연령', '성별' 등 다양하지만,9 여기서는 상관 요인을 객관적으로 관찰 가능한 요인인 '연령'과 '성별'에 한정하여 살펴볼 것이다. 대화의 원활한 진행을 위해서는 청자의 맞장구가 적절히 수행되어야 하는데, 맞장구의 적절성 여부는 맞장구 수행의 빈도와 유형, 위치가 크게 관여한다고 생각된다. 따라서 분석 내용은 맞장구 빈도, 맞장구 유형, 맞장구 수행의 위치를 중심으로 삼는다.

맞장구 수행은 개인적 습관이나 발화 내용 등에 따라 그 빈도가 달라질 수 있지만 이선민(1994)에서 조사한 바와 같이 한국인이 대화를 할 때 상대방이 지나치게 맞장구를 치거나 아니면 적게 친다고 느끼는 것은 대화에서 적절한 맞장구 수행 빈도가 존재함을 보여주는 것이다. 이에 따라 이 절에서는 연령과 성별에 따른 맞장구 수행 빈도를 관찰하여, 맞장구 수행 빈도의 평균치를 알아보고자 한다. 관찰 대상이 되는 피험자의 수는 총 280명으로, 초등학생부터 고등학생까지는 학년 단위로 남녀 각 10명씩이며, 20대는 남녀 10명씩, 30대는 여성 12명, 남성 8명이다. 분석 대상인 대화 텍스트는 총 176,310 어절이며 관찰 자료 수집과 전사 방법은 3.1장에 제시된 것과 동일하다.

맞장구 수행 빈도 조사는 두 가지 측면에서 고찰한다.10 먼저, 선행 화자의 전체 발화 대비 청자의 맞장구 수행 횟수를 조사하여 전체 대화에서 청자가 어느 정도로 맞장구를 자주 수행하는가를 알아보고, 다음으로 맞장구가 수행되는 선행 발화를 기준으로 할 때, 어

---

9 松田(1998)에 의하면 맞장구 표현은 사회적 지위, 역할 관계, 연령차, 친소차 등의 화자와 청자의 관계, 장면, 매개(전화, 마이크 등), 지역차, 성별, 참가자 외에 이야기를 듣는 사람의 존재 등에 따라 그 사용 빈도가 달라지기 때문에 사회적 요건과 심리 상태를 고려해야 한다고 한다.(배소현 1998: 12-13 참조)

10 맞장구 표현의 사용 빈도에 대한 논문은 '총 발화문 수에서 나타난 맞장구 표현의 비율을 맞장구 표현의 빈도로 하는 것', '시간 단위로 한 빈도', '음절수에 대한 빈도' 등이 있다.(배소현 1998: 18 참조)

느 정도의 길이에서 맞장구가 수행되는가를 어절 단위로 조사한다. 맞장구 유형별 빈도 조사는 먼저 맞장구 수행 방법들을 유형화한 후 자료에서 맞장구 유형을 태깅하여 이들을 연령과 성별에 따라 계량적으로 처리함으로써 집단에 따른 선호하는 유형을 조사하고, 맞장구 수행 위치에 따른 빈도 조사는 문미와 문중으로 나누어 살펴보고자 한다.[11]

2.1 맞장구의 범위와 유형

2.1.1 맞장구 범위

맞장구의 개념과 범위에 대해서는 학자마다 견해의 차이가 있다. 청자반응신호(backchannels)라 하여 청자가 현 화자가 말을 하는 동안 그 말에 대한 관심이나 참여 또는 관여의 표시로서 짧게 보내는 반응을 말하기도 하고(Yngve 1970), 상대방의 발화를 자신이 받아 완결하는 것, 보충 설명을 요구하는 것, 상대방의 발화에 대한 환언 표현, 고개 끄덕임과 같은 비언어적 표현들을 청자반응신호에 포함시키기도 한다(Ducun 1974). Maynard(1993)는 감정을 표현하는 것, 정보의 추가나 정정 따위를 요구하는 것을 포함시켰다.

국내 연구자들도 맞장구의 범위 설정에서 차이를 보인다. 선행 발화에 대한 지지나 동의를 나타내는 '어', '웅' 등의 간투사, '정말',

---

11 맞장구 수행 지점에 대해서는 김순자(1999), 노은희(2001) 등에서 지적된 바 있으나, 실제 어느 정도의 간격을 두고 수행해야 적절한지 아니면 선행 발화가 어느 정도의 분량에 이르면 맞장구를 수행해야 하는지에 대한 논의는 거의 없다.

'진짜', '어머' 등의 의심이나, 놀람 등의 정서 표현, '그래', '그렇군', '맞아' 등의 동의 표현은 대부분 맞장구에 속하는 것으로 견해의 일치를 보이고 있다. 그러나 상대방의 발화에 대한 환언 표현과 관련해서는, 이를 맞장구에 포함시키는 견해도 있고(이선민 1994, 배소현 1998, 오현주 2004), 맞장구에 속하지 않는 것으로 보는 견해도 있다(김순자 1999, 노은희 2001, 2002, 이원표 2001). 이 밖에 상대방의 발화를 자신이 받아 완결하는 표현이나 보충 설명을 요구하는 표현 등은 대부분 맞장구에 포함시키고 있지 않다.12

맞장구 본질에 대한 견해 차이가 존재하기 때문에 맞장구 실태 조사에서는 그 범위 설정에 차이가 있을 수 있다. 이에 이 책에서는 분석 대상 자료의 범위를 기존 논문자들 사이에서 큰 견해 차이가 없이 맞장구로 인정되는 경우로 관찰 내용을 한정하였다. 맞장구를 현 화자의 말차례를 뺏으려는 의도가 없이 현 화자의 발화 행위나 내용을 지지하는 기능을 하며, 화제 전개에 새로운 의미 내용을 추가하지 않는 짧은 언어적·비언어적 반응으로 파악하였고(김순자 1999, 노은희 2001), 이러한 기준에 따라 맞장구 수행 여부를 판정하였다. 다만, 녹화 자료가 아닌 전사 자료라는 한계로 인해 비언어적 반응은 웃음소리나 혀 차는 소리와 같이 음성적으로 표출된 것만을 대상으로 하였다.

맞장구와 유사하거나 기존 논의들 가운데 맞장구 범위에 포함된 발화들 중 화자로서 말차례를 갖고 대화를 진행해 나가는 경우라고 판단되는 것은 맞장구에서 제외하였다. 다음은 맞장구에서 제외한 현저한 사례들이다. 첫째, 선행 발화에 대한 수용이나 동의, 관심 등을 보여주는 발화 후에 자신이 발언권을 갖고 대화

---

12 이원표(2001)에서는 이러한 표현들은 대화를 공동으로 구성하는 협조적인 행위인 '우호적 말끼어들기'로 보고, 청자 반응 신호와는 구분하여 다루고 있다.

를 지속한 경우는 분석 대상에서 제외하였다.[13] 즉, 선행 발화에 대한 동의나 지지를 보냄으로써, 상대방이 대화를 지속할 수 있도록 도와주는 역할을 하는 것이 아니고, 현 화자의 말차례를 자신의 갖기 위한 책략으로서 선행 발화에 대한 동의나 지지를 표현하는 경우는 관찰 내용에 포함하지 않았다.

> (36) 화자1: 무섭다 야. 걔 완전 그거잖아, 너- 널 만나느라 여태
> 까지 여자들을 못 소개받았다 이거 아냐,
> 화자2: 응.
> 화자1: 이제는 소개받으면서 놀겠다-.
> 화자2: 맞어. 이제 크리스마스잖아. 너도 빨리 좋은 남자 만
> 나야지. 막~ 이러면서, 크리스마스날 어떡할려고,
> 막~ 나한테 이러는 거야-, 그래서, 아~ 난 너무 황당
> 한 거야 얘 왜 이러나 나한테.
>
> 〈고등 2년, 여〉

(36)에서 화자2의 둘째 발화 '응'은 말차례를 자신이 가지지 않고, 상대방이 지속할 수 있도록 도와주는 발화이므로 맞장구로 판정할 수 있다. 반면에 화자2가 발화한 '맞어'는 상대방의 발화에 대한 동의 표현이지만, 말차례를 상대방에게 넘기지 않고 자신이 발화를 확장하는 발화이므로 맞장구로 간주하지 않는다.

둘째, 선행 화자의 발화를 예측하여 미리 말하거나, 선행 발화를 환언하여 말하는 경우는 맞장구에서 제외하였다. 이선민(1994), 배소현(1998), 오현주(2004) 등에서 환언을 맞장구에 속하는 것으로 보고 있지만, 이러한 발화들은 화자의 역할을 대신 수행하거

---

13 Maynard(1993)에서도 말차례가 교체된 경우는 맞장구에서 제외하여 다루고 있다.

나 공동으로 수행하면서, 이야기의 전개에 참여하고 자신의 생각
을 추가하여 전달한다는 점에서 단순히 선행 발화를 지지하고 동
의하는 맞장구와는 구분될 필요가 있다고 보았기 때문이다.

> (37) 화자2: 지훈이라는 애가 있었어, 두 명, 지훈 명수. 둘이가 학
> 교 짱이래. 그래가지고 막~ 지훈이가 막~ 쫓아다니면
> 서 "니가 짱이냐, 내가 짱이냐," 이러면서 하고 막~.
> 화자1: 그래서,
> 화자2: 그래서 막~,
> 화자1: 싸웠는데,
> 화자2: 싸어= 싸웠는데 막~ 지훈이가 짱이 됐지 뭐~.
> 〈고등 1년, 남〉
> (38) 화자1: 일단 집에 와서, 밥 차려서 먹어서 학원 갈 때까지
> 는. 그런 식으로 하니까 얘는, 얘는 좀 인제~, 근까
> 엄마가 [1뭐~ 일한다고 자신감이 없진 않는데.
> 화자2: 　　　[1밝지. 응.
> 화자1: 큰 애는 좀, 그런 게 많이, 결여가 돼 갖고 내가 너무,
> 화자2: 속상하죠.
> 화자1: 충격을 받아서 다 현지보다는 잘해 줄려고 그러고, 그
> 러다 보니까 또 이게 또 바ˇ뀌어 ((-)). 〈웃음/하하하〉
> 〈30대, 여〉

(37)과 (38)의 대화는 선행 화자의 발화 내용을 미리 말하거나 선
행 화자의 발화를 다시 풀어서 말한 경우이다.14 이 두 경우 모두

---

14 (37)예문에서 화자1의 '그래서'와 같은 유형에 대해 '화자의 발화에 대한 관
심을 적극적으로 보여주는 데서 나아가 화자의 다음 발화를 기대하고 이를
적극적으로 유도하는' 기능을 한다는 점에서 노은희(2001)에서는 맞장구의
하나로 보았으나, 이 책에서는 '그래서, 그리고'는 대화의 전개를 이끈다는
점에서 맞장구로 보지 않는다. 또한 비슷한 유형의 '왜?' 등의 질문형 역시
선행 발화의 내용을 수정할 수 있다는 점에서 맞장구에 포함시키지 않는다.

선행 화자의 발언권을 가로채려는 의도를 보이지는 않지만, 선행 발화를 공동으로 완성하고자 하여 청자의 입장에서 나아가 화자의 위치에서 대화를 진행하려 한다는 점에서 맞장구로 보기 어렵다.

2.1.2 맞장구 유형

한국어에서 맞장구를 수행하는 형식은 어느 정도 정형화되어 있다. '어, 응, 네, 예, 어머, 아휴, 우와' 등의 간투사, '그래, 그렇지, 그렇구나, 그래↗' 등의 대용 표현, '맞어' 등의 동의 표현, 선행 발화 반복 표현, '진짜↗, 정말↗' 등의 감탄 질문형, '설마, 웬일이야, 좋겠다' 등의 놀람, 기쁨 등을 나타내는 표현 등이다.[15]

맞장구의 형식이 정형화되어 있고, 맞장구 표현이 드러내는 명제 내용이 일정하다는 사실에 근거하여 앞선 논문에서 맞장구 유형 구분은 주로 맞장구 형식을 중심으로 이루어져 왔다.(유동엽 1997, 김순자 1999, 노은희 2002) 이러한 맞장구 유형 구분은 맞장구 표현이 지니는 특성을 명확히 드러내어 분석할 수 있다는 점에서는 타당성을 지니나, 응대로서의 맞장구가 지니는 본질적인

---

15 이선민(1994)에서 한국인을 대상으로 한 설문 조사를 통해, "(네, 예, 네네, 으흠, 음(응), 음 네, 아 하, 예예, 어, 그렇죠, 하하하, 아, 어허, 그렇습니까, 예예예, 네 네 네, 아 예예, 아하 예, 아 그러세요, 아 그러시군요, 그래요, 아 네, 어 네네, 음 네네), 반복 표현, 환언 표현" 등 26종의 맞장구 표현을 가지고 있다는 논문 결과를 제시하고 있는데, 일상 대화에서는 "어/어어, 응/으응/응응/응응응, 엉, 음/으흠/음음, 아/아아, 허, 흠/으흠, 아휴/에효, 예/예예, 네, 어머, 어머머. 우와, 맞다/맞다/맞어/맞어맞어/맞어맞어맞어/맞아요맞아, 정말↗, 진짜↗, 그래↗, 그렇구나, 그래, 그치/그렇지, 그죠/그쵸, 그런 거구나, 그렇기야 하지, 그런 거야, 그래야지 뭐, 그러게, 근까/그러니까, 웬일이야, 설마, 반복 표현" 등 이선민(1994)에서 조사한 것보다는 더 다양한 맞장구 표현이 사용되고 있는 것으로 나타나고 있다.

특성을 구분하는 데는 한계가 있다. 맞장구도 행위적 측면에서는 질문에 대한 대답, 명령에 대한 수락이나 거부와 같이 응대 행위이다. 이에 따라 맞장구도 선행 화행에 대해 맞장구 화자가 어떤 태도를 드러내는지를 유형화하는 것이 필요하다.

맞장구는 명제 내용에 대한 청자의 판단 여부를 드러내는가 그렇지 않은가에 따라 청취형과 인식형 두 가지로 구분해 볼 수 있다. 청취형은 명제 내용에 대한 판단 없이 단순히 발화 내용을 듣고 있음을 보여주는 것이고, 인식형은 명제 내용을 판단하고 이에 대한 사실성 인정 여부에 대한 태도를 드러내는 유형이다.

다음 (39)~(40)은 전형적인 청취형 맞장구 예이다.

(39) 화자1: 그리고,
　　　화자2: 음.
　　　화자1: 외국어를,
　　　화자2: 음.
　　　화자1: 영어만 할 줄 아는 게 아니고.
　　　화자2: 음.
　　　화자1: 다른 나라 말을 또 하는 거 같애.
　　　화자2: 어.
　　　화자1: 그러면은 직장구하기 되게 쉽거든.　　　〈20대, 여〉

(40) 화자1: [1그러니까~ 쫌-,
　　　화자2: 응.
　　　화자1: 지금 남자 친구 사귀^어도-,
　　　화자2: 응.
　　　화자1: 쫌 비슷해야 된다고 생각해.
　　　화자2: 응.　　　　　　　　　　　　〈고등 2년, 여〉

위 예에서 '어, 음, 응' 등의 언어 표현으로 수행되는 맞장구는 선행 화자의 발화를 듣고 있으며, 발화 내용을 이해하고 있다는 정도의 내용을 전달한다. 이러한 유형은 선행 발화에 대한 동의나 긍정과 같은 판단 내용이 아니라, 선행 발화에 대한 맞장구 화자의 청취 활동을 나타내는 것이다. '그리고', '그러니까 좀'과 같이 정보 전달의 단위가 아닌 접속사 다음에 사용된 것만 보아도 상대방의 발화 명제 내용에 대한 긍정의 의미보다는 상대방의 발화를 청취하고 있음을 알리는 데 주목하고 있음을 알 수 있다. 이러한 청취형은 선행 발화의 명제 내용에 대한 응대가 아니므로, 정보 전달 단위가 아닌 발화 시작 부분이나 중간에도 자주 사용된다.

인식형의 맞장구는 명제 내용에 대한 사실성의 인정 여부를 드러내는데, 사실성을 인정하는 정도 및 방법에 따라 하위 유형으로 구분해 볼 수 있다. 명제 내용의 사실성에 대한 확인 절차를 수반하는 맞장구, 명제 내용에 대한 사실성을 이미 인정하고 있는 상태에서 동의를 표명하는 맞장구, 사실성 인정을 전제한 상태에서 청자의 정보적, 정서적 태도를 드러내는 맞장구 등으로 구분할 수 있다.

명제 내용의 사실성을 확인하는 방식의 맞장구는 선행 발화의 정보가 지닌 사실성을 확인하는 과정을 통해 명제 내용이 청자에게는 새로운 정보임을 알리는 데 초점을 둔다. 새로운 정보임을 알림으로써 선행 발화에 대한 관심을 보여주고자 하는 것이다.

> (41) 화자2: 아 법대도 그런 애 있었어 그래 가지고, 걔는 뭐~
> 이제~, 떵*까떵까 놀면서.
> 화자1: 진짜?
> 화자2: 대학생활 했다는.
> 화자1: ⟨웃음/하하하⟩

　　화자2: 대학교 끝날 때까지 기다려준대 최소한. 행시나 준
　　　　　 비해 볼까? 그거 칠급은,　　　　　　　〈20대, 남〉

(41)에서 화자1이 수행한 맞장구 발화 '진짜?'는 선행 발화에 대한
사실성 확인을 축어적 의미로 지니지만, 맥락에서는 확인을 요구
하는 데에서 나아가 처음 알았음을 드러내는 맞장구로 해석된다.
상대방 화자도 이를 질문 화행이 아닌 맞장구로 보고, 확인 응대
를 하지 않고 있다.
　선행 발화의 일부 또는 전체를 단순 반복하는 방식으로 상대
발화 내용에 대한 수용이나 지지를 나타내는 맞장구는 반복인식형
으로 구분한다. (42)의 예문은 전형적인 반복인식형 맞장구이다.

　(42) 화자1: 맨날 생쥐 아저씨 생쥐 아저씨, 그러고 있었는데. 그
　　　　　　　리고 그~ 바오밥 나무 있잖아~-,
　　　화자2: 어~ [1바오밥 나무.
　　　화자1: 　　[1너무 크= 어~ 클 때 자= 자르면-, 막~ 안 좋구
　　　　　　　그러구 어릴 때 잘라야 되잖아 바오밥.
　　　　　　　　　　　　　　　　　　　　　　　〈초등 5년, 여〉

　발화의 명제 내용에 대한 동의를 보여주는 맞장구가 있다. 이
경우는 상대방 발화 내용에 대하여 맞장구 화자도 이미 정보나
태도를 지니고 있는 상태이며, 이에 근거하여 동의를 표명하는
것이다. 주로 '그래', '맞어', '그러니까' 등의 언어적 표현으로 나타
나며, 선행 화자의 판단 내용을 그대로 반복하는 표현으로도 실
현된다. 이러한 유형은 선행 발화의 명제 내용에 대한 인식을 드
러내는 응대이므로 절 단위나 발화 단위에서 주로 수행된다.

 (43) 화자2: 그= 그 말뜻을 이해를 하지만, 애는 그 말뜻을 몰라

     서 물어보는 건데, 엄마가 하는 거는, 애 눈높이에

     안 맞을 수도 있지. [1엄마 생각이니까.

  화자1:   [1맞어.   〈30대, 여〉

 (44) 화자2: 여기도. 여기도. 여기도. 여기도. 야이, 씨. 이게 진

     정한 연습장이다, 진짜.

  화자1: 그래.

  화자2: 맨날 난 그림 그리고. 아~-, & 아~-, 어떻게 이렇게

     하냐, & 씨. 어우.   〈고등 1년, 남〉

 (45) 화자1: 야 우리는 원래 대화 잘 안 하는데

  화자2: 그러니까.

  화자1: 대학은 어트케(어떻게) 할 거야? 〈고등 3년, 여〉

 앞서의 맞장구 유형은 달리 명제 내용에 대해 정서적 관점에서 응대하는 맞장구도 있다. 이는 주로 '우와', '저런' 등의 감탄형 간투사로 수행된다.

 (46) 화자1: 어. 세일학원 다니는데, 맨날, 맨날, 여섯 시 이십

     분에 등교를 하면,

  화자2: 응.

  화자1: 시험기간 되면 한 열두 시 이십 분에 들어온다?

  화자2: 우와.   〈중등 1년, 남〉

(46)에서 화자2가 발화한 '우와'는 상대방의 선행 발화의 종결 부분에서 상대방의 발화 내용에 대해 놀람의 정서를 드러냄으로써, 상대방의 발화 내용을 인정, 수용함을 보여주고 있다. 이전의 '응'이라고 발화한 맞장구가 청취하고 있다는 정도의 태도를 드러내는 데 반해 '우와'로 행해진 맞장구는 명제 내용에 대한 긍정을

전제로 한 정서적 대응을 나타내는 것이다.

이상의 맞장구 유형을 요약해서 보이면 아래와 같다.16

〈표 4.1〉 맞장구 유형

맞장구 유형		설명	형태
청취형		상대방의 발화에 대한 듣고 이해하고 있음을 드러내는 맞장구 표현으로 대체로 지시적 의미가 없는 간투사로 실현됨	음/으음, 흠, 어, 응, 음, 네, 예, 흠
인식형	확인수반 인식형	선행 발화의 내용에 대해 확인하는 형식을 취하지만 사실성 확인을 상대방에게 요구하지는 않고, 선행 발화의 내용에 새로운 정보임을 드러내는 데 초점을 둠.	그래?17, 정말?, 진짜?
	반복 인식형	선행 발화의 내용 가운데 일부 및 전체를 반복함으로써 선행 발화의 명제 내용에 대한 사실성 인정을 드러냄.	
	동의표명 인식형	사실성을 인정하는 데서 나아가 판단 내용에 대한 동의를 표명함.	선행 발화의 판단 내용 반복, 그래, 그래그래, 그렇죠, 그렇구나, 맞어
	정서표출 인식형	명제 내용에 대한 사실성 인정을 전제하며, 명제 내용에 대한 놀라움, 기쁨, 슬픔, 안타까움 등을 드러냄.	우와, 어머, 어머나, 아휴, 쯧쯧 등의 감탄형 간투사, 히히, 하하 등의 웃음소리, 혀 차는 소리

---

16 유동엽(1997)에서는 맞장구의 형태와 종류를 어사에 의한 것, 반복에 의한 것, 웃음으로 구분하였고, 김순자(1999)에서는 맞장구 유형을 맞장구 형식에 따라 간투사, 반복 및 대용 표현, 기타 표현으로, 노은희(2002)에서는 '어, 아, 음' 등의 기본형, '응, 네, 예' 등의 동의형, 반복 및 대용 표현, '정말?', '진짜?' 등의 감정 표현으로 구분하였다.

17 '그래'는 상승 억양일 경우에는 놀람의 정서를, 하강 억양이나 평조일 경우

2.2 연령에 따른 맞장구 수행 실태

2.2.1 맞장구 수행 빈도의 연령별 분포

맞장구는 대화를 원활하게 진행하기 위한 보조적인 말하기 행위로, 맞장구 수행은 말하기의 상호작용 능력을 보여주는 것이다. 말하기에서의 상호작용 능력이 연령에 따라 일정한 발달을 보인다는 관점에서 접근하여 맞장구 빈도에서도 연령에 따른 변화 혹은 차이가 있을 것으로 예상하였으나, 선행 화자의 전체 발화 어절 수 대비 맞장구 수행 빈도를 조사한 결과, 선행 화자가 100어절을 말하는 동안 청자는 약 2.1회의 맞장구를 수행하는 것으로 조사되었고, 성별에 따른 차이는 나타났으나 연령 집단에 따른 발달적 변화는 보이지 않았다.(F=2.121, df=13, p<.05)

〈표 4.2〉 연령별 맞장구 수행 빈도(100어절당 맞장구 수행 횟수)

연령 단계	평균	표준편차
초 1	2.00	1.65
초 2	1.79	1.66
초 3	1.60	1.36
초 4	2.83	2.66
초 5	3.42	2.72
초 6	2.03	1.74
중 1	1.44	1.31
중 2	2.50	2.50
중 3	1.94	1.70

에는 상대방의 발화에 대한 동의를 표시하므로 이를 구분하여 다룬다.

연령 단계	평균	표준편차
고 1	1.58	1.19
고 2	2.06	1.87
고 3	1.26	1.06
20대	3.01	2.60
30대	2.17	1.33
합계	2.13	1.96

초등학교 5학년과 20대에서는 100어절당 3회 이상의 맞장구를 수행하여 다른 연령보다는 수행 빈도가 높고, 고등 3학년은 맞장구 수행 빈도가 가장 낮다. 위의 결과를 토대로 하면, 초등학교 1학년부터 양적인 면에서는 이미 일정 수준의 맞장구를 수행한다고 볼 수 있다.

맞장구가 어느 정도의 길이로 수행되는지를 알아보기 위하여 맞장구 수행 지점의 선행 화자의 발화 길이를 어절 단위로 측정하였다. 조사 결과 연령 집단별 차이는 나타나지 않았다.($F=.733$, df=13, $p>.5$)

〈표 4.3〉 연령별 맞장구 선행 발화 평균 어절 수

연령 단계	평균	표준 편차
초 1	6.90	6.30
초 2	8.25	11.66
초 3	9.63	7.15
초 4	7.12	5.02
초 5	6.64	2.66
초 6	8.44	4.62
중 1	8.91	3.68
중 2	8.75	6.17

연령 단계	평균	표준 편차
중 3	7.05	4.31
고 1	7.80	5.68
고 2	10.13	7.54
고 3	9.04	4.64
20대	8.65	3.42
30대	10.19	6.50
합계	8.38	6.01

맞장구가 수행되는 지점까지의 선행화자의 발화 길이는 평균 8.4 어절이며 연령별로 선행 발화의 평균 어절 수는 약 6~10어절이다.[18] 이는 맞장구의 선행 발화 길이에서도 초등학교 1학년부터 맞장구 수행 능력이 충분히 습득되어 있음을 보여 준다. 앞선 전체 발화 대비 맞장구 빈도 조사와는 달리 선행 발화 평균 어절 수 조사에서는 집단별 차이를 거의 볼 수 없다.

이상과 같은 초등학생에서 성인에 이르는 맞장구 수행 빈도와 선행 발화 길이에 대한 조사 결과는 맞장구 수행의 길이나 횟수에 적절한 범위가 존재하며 이를 양적으로 측정할 수도 있다는 것을 보여준다. 즉 조사된 평균보다 맞장구를 짧게 자주 수행하거나 길게 수행할 경우에는 적절하지 못하다고 해석할 수 있다. 다음 대화에서도 이를 확인할 수 있다.

> (47) 화자2: 그거는, 막~ 치면은, 목탁인가? 그런 거 막~ 치면
> 은, 얘들아~ 이래. & 저리가라 저기, 저리가라 저리

---

18 배소현(1998)의 논문 결과에 따르면 한국인의 맞장구 표현간의 평균 음절수는 23음절이라고 하는데, 한국어 어절이 대략 3~4개 정도의 음절로 이루어진다고 본다면, 평균 8어절로 이 책에서 조사한 결과와 거의 비슷하게 나타나고 있다.

가라 저리-, 야 그 방법 말고 또 있어. 새운 거(새로
운 거) 있잖아, [1그거 이것도 있어. 어, 뭐였지? 투
명인간으로 되는 거 있잖아?

화자1:   [1응.
화자1: 응.
화자2: 그거 산 다음에, [1또 번개옷 같은 거 딱~* [2쓰잖
아? 그러면 진*[3짜 좋아.
화자2:   [1어.   [2어,
                   [3어,
화자1: 어, [1어,
화자2:   [1폭탄 오천, [2한= 한 개 쏘는 데 [3폭탄에 [4한
개에 여섯 개가 달려있어.
화자1:   [2어,   [3어,   [4어,
{1번 화자가 말장난을 하고 있음}

〈초등 1년, 남〉

위 예문은 화자1이 선행 발화의 문미와 문중에서 아주 빈번하게
맞장구를 수행하여 전사자가 말장난을 하고 있다고 해석까지 해
놓고 있는 예이다. 화자1은 평균보다 지나치게 짧은 길이로 자주
맞장구를 수행함으로써 맞장구 수행이 오히려 상호작용을 방해하
고 있다.

2.2.2 맞장구 유형별 사용 빈도의 연령별 분포

맞장구 수행의 유형을 연령 변인에 따라 살펴보면, 연령이 높
아짐에 따라 청취형의 사용 비율은 줄어들고, 동의표명인식형과
확인수반인식형의 사용 비율이 높아지는 경향을 보인다. 구체적

인 계량적 조사 실태는 다음 표와 같다.

〈표 4.4〉 연령에 따른 맞장구 유형별 사용 빈도(백분율)

| 연령
단계 | 청취형 | 인식형 | | | | 합계 |
		정서표출 인식형	동의표명인 식형	확인수반 인식형	반복 인식형	
초 1	214 (87.7)	23 (9.4)	5 (2.0)	2 (0.8)	0 -	244 (100)
초 2	172 (92.0)	12 (6.4)	2 (1.1)	1 (0.5)	0 -	187 (100)
초 3	153 (73.6)	34 (16.4)	14 (6.7)	7 (3.4)	0 -	208 (100)
초 4	291 (87.9)	20 (6.0)	12 (3.6)	7 (2.1)	1 (0.3)	331 (100)
초 5	340 (83.5)	37 (9.1)	19 (4.7)	7 (1.7)	4 (1.0)	407 (100)
초 6	160 (62.5)	28 (10.9)	41 (16.0)	22 (8.6)	5 (2.0)	256 (100)
중 1	136 (63.3)	31 (14.4)	30 (14.0)	15 (7.0)	3 (1.4)	215 (100)
중 2	209 (74.4)	32 (11.4)	18 (6.4)	22 (7.8)	0 -	281 (100)
중 3	188 (75.2)	22 (8.8)	22 (8.8)	18 (7.2)	0 -	250 (100)
고 1	134 (61.5)	56 (25.7)	12 (5.5)	14 (6.4)	2 (0.9)	218 (100)
고 2	170 (65.9)	30 (11.6)	39 (15.1)	18 (7.0)	1 (0.4)	258 (100)
고 3	95 (60.1)	19 (12.0)	22 (13.9)	21 (13.3)	1 (0.6)	158 (100)

연령 단계	청취형	인식형				합계
		정서표출 인식형	동의표명인 식형	확인수반 인식형	반복 인식형	
20대	248 (71.7)	28 (8.1)	25 (7.2)	44 (12.7)	1 (0.3)	346 (100)
30대	245 (72.9)	12 (3.6)	53 (15.8)	26 (7.7)	0 -	336 (100)

초등학교 1, 2학년에서는 청취형의 수행이 각각 약 88%, 92%로 높은 비율을 보이다가 이후 점차 낮아진다. 초등학교 6학년 시기에는 63%로 급격히 낮아지다가 그 이후 60~75%의 비율로 수행된다. 동의표명인식형과 확인수반인식형의 경우도 초등학교 6학년에서부터 각각 16%와 8.6%로 이전 단계보다 수행 빈도가 높아지고, 이후 연령에서 비율의 차이가 일정하지는 않지만 초등학교 6학년 이전 시기보다는 높게 나타나는 경향을 보인다.

맞장구 수행 실태에 나타난 위와 같은 유형별 특징은 단순히 청자 요인에 기인한다고만은 볼 수 없다. 초등학교 저학년에서 특히 초등학교 1, 2학년에서 청취형 수행이 두드러지게 나타나는 것은 선행 화자의 발화 수행과도 관계가 있다고 본다. 어린 아이들은 발화의 중간에 휴지를 넣어서 말하는 경우가 많다. "제가요, 오늘은요, 놀이터에서요, 놀았어요.", "오늘 있잖아, 내가 막 학교에 갔는데"와 같이 어린 아이일수록 발화에 울타리어(hedge)를 많이 사용하며 발화를 끊어서 수행하는 경우가 많은데, 이러한 지점에서 발화를 듣고 있음을 나타내는 청취형의 맞장구가 수행되는 경향이 있다.

(48) 화자2: 야 근데-,

　　　화자1: [1어?

　　　화자2: [1니는-,

　　　화자1: 어.

　　　화자2: 게임= 집에 가면-, [1게임 할 때도 있잖아,

　　　화자1: 　　　　　　　　　[1어.

　　　화자1: 어.

〈초등 1년, 남남〉

(49) 화자1: 야 근데,

　　　화자2: 응.

　　　화자1: 응-, 아파트가 있잖아~-,

　　　화자2: 응.

　　　화자1: 우리 아파트 짓다= 짓는다고 그랬잖아-,

　　　화자2: 응.

〈초등 2년, 여〉

(50) 화자1: 삼 반 애들 두 명이 있었다, 그렇게 웃는 거야. 뭔 갈(뭔가를) 알고 있다는 듯이-.

　　　화자2: 어.

　　　화자1: 내가, "아~ 뭐야 짜증나-." 막~ 이랬잖아. 짜증나 진짜. 수진이하고,

　　　화자2: 어.

　　　화자1: 지민인가?

　　　화자2: 어.

　　　화자1: 걔하고, 수민이하고 수진인가?

〈고등 1년, 여〉

(48)-(49)는 초등학교 1학년, 2학년 아동의 대화로 화자는 발화 중간에 휴지를 넣거나 '있잖아'와 같은 담화 표지를 삽입하여 발화를 수행하고 있다. 이러한 화자의 발화 특징은 (50)의 고등학교

1학년생의 발화와는 차이를 보인다. 이러한 발화 수행상의 양상
도 맞장구 수행에 영향을 미칠 수 있다. (48)-(49)에서 청자는 선
행 화자의 발화에 휴지(억양구)가 발생한 부분에서 여지없이 맞장
구를 수행하고 있는데 이는 선행 화자의 발화가 맞장구를 수행하
도록 유도하거나 혹은 맞장구를 수행할 수 있는 여지를 만들기
때문이라고 본다.

이상과 같은 맞장구 유형별 사용 실태를 종합하면, 맞장구 수
행의 유형은 초등학교 저학년에서는 청취형의 맞장구가 자주 수
행되다가 연령이 높아짐에 따라 동의표명인식형, 확인수반인식형
의 수행이 많아진다. 그리고 이러한 맞장구 유형상의 특징에는
맞장구 자체의 특징 이외에도 선행 화자의 발화 수행이 또 다른
요인으로 관여한다.

2.2.3 맞장구 수행 위치별 빈도의 연령별 분포

맞장구를 수행하는 위치를 문미와 문중으로 구분하여 살펴보았
다. 그 결과 종결 위치에서의 맞장구 수행 빈도가 늘어나고, 비종
결 위치에서의 맞장구 수행 빈도는 줄어드는 경향을 보였다.

〈표 4.5〉 연령에 따른 맞장구 수행 위치별 빈도(백분율)

연령 단계	맞장구 수행 위치			합계
	문미	문중	기타	
초 1	99 (40.6)	143 (58.6)	2 (0.8)	244 (100)
초 2	68 (36.4)	118 (63.1)	1 (0.5)	187 (100)

연령 단계	맞장구 수행 위치			합계
	문미	문중	기타	
초 3	99	109	0	208
	(47.6)	(52.4)	-	(100)
초 4	141	190	0	331
	(42.6)	(57.4)	-	(100)
초 5	209	197	1	407
	(51.4)	(48.4)	(0.2)	(100)
초 6	159	97	0	256
	(62.1)	(37.9)	-	(100)
중 1	124	90	1	215
	(57.7)	(41.9)	(0.5)	(100)
중 2	148	133	0	281
	(52.7)	(47.3)	-	(100)
중 3	129	121	0	250
	(51.6)	(48.4)	-	(100)
고 1	135	83	0	218
	(61.9)	(38.1)	-	(100)
고 2	138	120	0	258
	(53.5)	(46.5)	-	(100)
고 3	88	70	0	158
	(55.7)	(44.3)	-	(100)
20대	189	157	0	346
	(54.6)	(45.4)	-	(100)
30대	193	142	1	336
	(57.4)	(42.3)	(0.3)	(100)

위 표를 보면, 초등학교 5학년 이후에는 문중 위치에서보다는 문
미 위치의 맞장구 수행 빈도가 높아진다. 이는 초등학교 저학년
때에는 문중에서도 빈번히 청취형 맞장구를 수행하다가 연령이

증가하면서 인식형으로 나아가는 경향과 일치한다.

특히 저학년 아동에서는 맞장구가 발화의 처음 부분에서 나타나는 경우도 많다. 저학년 아동들은 발화를 시작하는 '근데'와 같은 담화 표지나 화제에 해당하는 부분에서도 맞장구를 수행한다.

(51) 화자2: 히익! 짱이다, 이탈-리아. 근데, [1근데 그~,

　　 화자1: 　　　　　　　　　　　　　　 [1어.

　　 화자2: 축구 할 때, 월드컵 할 때,

　　 화자1: 응.

　　 화자2: 그 이탈리아 인간들은, 어떻게 왔을까?

　　 화자1: 한 두 밤이나 자고, 우~씨.

　　 화자2: 왔겠지. & [1야 근데(그런데), 비행기 아저씨가,

　　 화자1: 　　　　　　　 [1잠깐만.

　　 화자1: 응.

　　 화자2: 비행기 아저씨가,

　　 화자1: 어.

　　 화자2: 이렇게, 밤도 안= 뭐지? 밤에도 안자고, 계속, 〈웃음/
　　　　　　 허허허〉 이러고 있을까? 그러진 않을 꺼야, 비행기가
　　　　　　 왔다 갔다 쉬었다가, 딱- 왔다 갔다 쉬었다가, "월드
　　　　　　 컵이다." 하면서 축구 하는 거지 뭐~.

　　　　　　　　　　　　　　　　　　　　　　　 〈초등 1년, 남〉

(52) 화자2: 그래! 어느 날,

　　 화자1: 응-.

　　 화자2: 돼지가 살았는데,

　　 화자1: 어-.

　　 화자2: 돼지는, 계속, 먹을 거만 찾아 다녔어-,

　　 화자1: 엉.

　　 화자2: 찾아 다녔는데,

　　 화자1: 응.

> 화자2: 어떤 애들이, 비가 온 거야.
>
> 화자1: 응.
>
> 화자2: 어떤 애들이, "돼지님, 저를 집에, ((조금만)) 나눠 주세여" 하면서, 했는데, "시끄러워" 하면서 돼지가 주먹 갖다, 개미를 푹, 쳐 버렸어. 〈웃음〉
>
> 〈초등 1년, 여〉

(51)에서 화자1은 화자2가 화제를 전환하는 부분인 담화 표지 '근데' 부분에서 맞장구를 수행하여 있고, '야 근데 비행기 아저씨가'와 같이 화제를 시작하는 부분에서도 맞장구를 수행하고 있다. (52)에서도 이야기를 시작하는 시간 배경부터 맞장구가 수행되고 있다. 아동은 성인에 비해 이러한 위치에서 맞장구를 수행하는 경우가 많은데, 이러한 위치의 맞장구 수행도 저학년 단계에서 청취형 맞장구 수행이 높은 성향과 상관된다.[19]

2.3 성별에 따른 맞장구 수행 실태

2.3.1 맞장구 수행 빈도의 성별 분포

성별 집단 간의 맞장구 수행 빈도 조사에서는 연령 변인에서와는 달리 유의미한 차이를 보여 주었다($t=-3.60$, $p<.01$). 남성은 100어절당 평균 약 1.7회, 여성은 2.5회를 수행하는 것으로 나타나 여성이 남성보다 맞장구를 더 자주 수행하는 것으로 조사되었다.

---

[19] 청취는 어절 단위로 이루어지는 것이 보통인데, 대화 첫 부분에 대한 맞장구 수행은 이러한 청취형 맞장구 수행에 기인한다고 본다.

〈표 4.6〉 성별 맞장구 수행 빈도(100어절당 맞장구 수행 빈도)

성별	평균	표준편차
남	1.68	1.67
여	2.54	2.12

남성은 경쟁적인 대화를, 여성은 맞장구치기 등을 통해 협조적 대화를 추구하는 것으로 알려져 있는데(민현식 1995, 김순자 2001 등) 실태 조사에서도 〈표 4.6〉과 같이 여성의 맞장구 수행의 빈도가 높게 나타난다. 전혜영(2006)에서는 발화의 특징에서 성별 차이를 논할 때는 진정한 성별의 차이인지 아니면 나이, 힘, 친밀도 등의 차이에서 오는 것인지를 세심하게 살펴야 한다고 했는데, 이 연구는 같은 또래의 친밀한 동성간의 대화를 대상으로 한 것이므로 성별 이외의 변인은 동일하다. 따라서 〈표 4.6〉의 맞장구 빈도 차이는 성별 변인이 작용한 결과라고 볼 수 있다.

맞장구가 수행되는 지점의 선행 화자의 발화 길이 조사에서는 남녀 집단 모두 〈표 4.7〉과 같이 선행 발화가 8어절 정도가 되었을 때 맞장구를 수행하는 것으로 나타난 반면에 성별에 따른 유의미성은 나타나지 않는다(t=-806 p).05)[20].

〈표 4.7〉 성별에 따른 맞장구 선행 발화 평균 어절 수

성별	평균	표준편차
여성	8.09	5.89
남성	8.67	6.13

---

[20] 초등학교 1학년, 중학교 2학년, 중학교 3학년, 고등학교 1학년, 고등학교 3학년, 20대에서는 남성이, 그 나머지 집단에서는 여성이 평균 어절수가 높아, 성별 집단에 따른 선행 발화의 평균 어절 수의 차이는 찾아보기 어렵다.

이러한 조사 결과는 맞장구가 선행 발화 도중 아무 위치에서나 수행되는 것이 아니라 일정한 길이의 발화에 대하여 수행되는 것임을 보여준다. 여성이 남성보다 맞장구를 많이 수행하기는 하지만, 남성보다 더 짧은 길이로 수행하지 않는다는 것은 선행 화자의 발화 길이와 관련하여 맞장구 수행의 일정 범위가 존재하고 있다고 보게 한다.

2.3.2 맞장구 유형별 사용 빈도의 성별 분포

성별 변인에 의한 맞장구 유형은 남성과 여성 모두 청취형 빈도가 높게 나타났다. 다음으로 정서표출인식형, 동의표명인식형, 확인수반형, 반복인식형의 순으로 나타난다.

〈표 4.8〉 성별에 따른 맞장구 유형별 사용 빈도(백분율)

맞장구 유형		성별		합계
		남	여	
청취형		1299	1456	2755
		(72.50)	(76.50)	(74.60)
인식형	동의표명 인식형	158	156	314
		(8.80)	(8.20)	(8.50)
	확인수반 인식형	130	94	224
		(7.30)	(4.90)	(6.10)
	반복인식형	8	10	18
		(0.40)	(0.50)	(0.50)
	정서표출 인식형	196	188	384
		(10.90)	(9.90)	(10.40)
합계		1791	1904	3695
		(100)	(100)	(100)

위 표를 보면, 청취형의 빈도가 높게 나타나고, 인식형은 하위 범주에서도 차별성이 나타나지 않는다. 여기서도 성별에 따른 맞장구 유형상의 특징은 찾기 어렵다.[21] 또한 맞장구 기능에서도 보다 적극적인 기능을 지닌 동의표명인식형이나 정서표출인식형에서도 남녀의 차이는 나타나지 않는다. 따라서 맞장구 수행시의 남녀 차이는 맞장구 수행의 빈도에 한정되고, 유형별 사용에서는 별 차이가 없다고 본다.

2.3.4 맞장구 수행 위치별 빈도의 성별 분포

맞장구가 수행되는 위치에 대해서도 성별에 따른 차이가 분석되지 않는다. 남성이 여성보다 종결 위치에서 수행하는 비율이 상대적으로 높기는 하지만, 유의미한 차이는 되지 못한다.

〈표 4.9〉 성별에 따른 맞장구 수행 위치별 빈도(백분율)

성별	맞장구 수행 위치			합계
	문미	문중	기타	
남	962	827	2	1791
	(53.70)	(46.20)	(0.10)	(100)
여	957	943	4	1904
	(50.30)	(49.50)	(0.20)	(100)

---

21 배소현(1998:38)에서는 여성이 남성보다 선행 발화를 반복하는 형태의 맞장구를 더 많이 사용하며, 이는 대화에서 남성보다는 여성이 더 상대방의 이야기를 열심히 듣고 있다는 것을 보여주는 근거라고 주장하였지만, 이 책의 관찰 결과에 따르면 여성이 반복인식형을 남성보다 더 많이 사용하고 있지는 않아 배소현(1998)의 논문 결과와는 차이를 보인다.

2.4 요약

이 절에서는 맞장구 수행 실태를 계량적으로 분석한 결과를 토대로 맞장구 전략의 변화 과정을 살펴보고자 하였다. 맞장구 수행 실태는 수행 빈도와 유형, 수행 위치로 구분하여 연령과 성별에 따른 집단적 차이가 나타나는지 알아보았다. 그리고 맞장구 수행 유형은 명제 내용에 대한 청자의 인지 태도에 따라 크게 청취형과 인식형으로 구분하고, 인식형은 정보 처리 정도에 따라 확인수반인식형, 반복인식형, 동의표명인식형, 정서표출인식형으로 구분하여 살펴보았다. 이 절의 내용을 정리하여 보이면 다음과 같다.

첫째, 전체 발화 어절 수 대비 맞장구 수행 빈도는 연령별 유의미한 차이가 없었다. 성별에 따라 살펴보면, 남성은 약 100어절당 1.7회, 여성은 2.5회의 맞장구를 수행하여 여성이 남성보다 맞장구를 자주 수행하는 것으로 나타났다. 이를 통해 맞장구 수행 빈도는 연령보다는 성별 요인에 더 영향을 받고 있음을 알 수 있다.

둘째, 맞장구 선행 발화 어절 수를 조사한 결과에서는 연령과 성별로 수치상의 차이는 보였지만, 유의미한 차이는 나타나지 않았다. 연령과 성별의 구분 없이 평균 8어절 사이에서 맞장구를 수행하는 것으로 나타났다. 이러한 결과를 토대로 맞장구를 수행해야 하는 선행 발화의 분량이 어느 정도 일정하게 존재하고 있다고 볼 수 있다.

셋째, 맞장구 수행의 유형에서는 청취형의 맞장구가 78.8%로 현저하게 높았다. 연령에 따라 일정하지는 않지만, 초등학교 6학년부터 청취형의 사용 비율은 줄고, 동의표명인식형, 확인수반형의 사용 비율은 높아진다. 그리고 수행 위치에서는 저학년의 경우 문미보다는 문중에서의 맞장구 수행 비율이 높고, 초등학교 5,

6학년부터 문미 위치의 맞장구 수행 비율이 높아지는 것을 볼 수 있다. 즉, 연령이 높아짐에 따라 발화의 명제 내용에 대한 지지나 판단을 보여주는 맞장구 수행을 선호하는 쪽으로 발달한다.

3. 응대 방법*

  일상 대화에서 청자의 이해 정도나 반응에 관계없이 준비한 말을 일방적으로 하는 것은 실제 언어활동에서는 거의 볼 수 없다. 상대방 발화에 대한 맞장구를 치거나 말하는 기회를 독점하지 않고 상대방과 번갈아 말하고 선행 발화에 대해 응대를 수행하며 대화가 진행된다. 선행 발화에 대한 응대는 원활한 대화 진행에 중요한 역할을 한다. 특히 질문에 대한 응대는 대화 참여자 사이의 공동 작업으로 상호작용적인 특성을 가장 명백하게 보여준다(이원표 2001: 250).

  선행 질문에 대한 응대 방법은 말하기 능력의 중요 요소인 상호작용 능력을 보여주는 지표로 기능한다. 정보 제공을 요구하는 질문에 질문자의 요구에 부합하는 정보 제공을 하는 응대는 적절하다고 볼 수 있지만, 그렇지 않은 응대는 말하기 능력이 부족하다는 것을 의미한다. 이 절에서는 말하기 능력 평가의 관점에서 질문에 대한 응대 방법을 다룬다. 실제 대화 자료에 나타난 질문에 대한 구체적인 응대 수행 양상을 통해 말하기 능력을 평가할 수 있는 항목과 기준을 제시한다.

  이 절에서 대상으로 삼은 자료는 서울 및 경기 지역에 거주하는 학생, 일반인 총 60명의 일상 대화이다. 대상자는 10대, 20대, 30대 각각 20명씩으로 남녀 비율은 동일하다.

---

* 이 절의 내용은 김정선·장경희(2007) "질문에 대한 응대 방법을 통한 말하기 능력 평가"(한국언어문화 34집)의 논문 내용을 바탕으로 한 것이다.

3.1 질문에 대한 응대 방법

일상 대화에 나타난 질문에 대한 응대에서는 응대자가 정보를 제공하는지에 따라 질문자의 목적 달성 여부가 결정된다. 응대자가 정보를 제공하면 질문자의 목적은 달성된 것이고, 제공하지 못하면 목적이 달성되지 못한 것이다. 이 절에서는 응대 방법을 질문자가 목적을 달성한 경우를 선호적 응대(preferred response)로, 그렇지 않은 경우를 비선호적 응대(dispreferred response)로 구분하여 살펴본다.[23] 지금까지 질문에 대한 대답은 질문자가 요구한 정보를 제공하느냐 못하느냐와 같이 정보 차원의 측면에서만 다루어졌다. 그러나 실제 대화에 나타난 정보 제공을 요구하는 질문에 대한 응대 방법은 화행 수행 측면에서도 이루어진다. 구체적인 수행 양상을 통해 질문에 대한 응대 방법의 유형화를 해 본다.

3.1.1 선호적 응대

질문자가 요구한 정보를 제공하는 선호적 응대의 경우부터 살펴보기로 한다. 응대자는 질문에 대해 정보 차원에서 응대를 할 수도 있고, 화행 수행 차원에서 즉 메타 화행으로 응대를 할 수도 있다.[24]

---

23 Levinson(1983: 373)에 의하면 선호, 비선호의 개념은 심리적 개념이 아니라 구조적 개념이다. 인접쌍에서 응대하는 발화가 구조적으로 더 단순한 표현으로 나타나면 선호적, 여러 가지 종류의 구조적 복잡성을 지니면 비선호적인 것이다. 요청에 대한 수락, 평가에 대한 동의, 질문에 대한 예상 대답 등이 선호적 응대(preferred response)이고, 거절, 비동의, 예상하지 못한 대답 등이 비선호적 응대(dispreferred response)이다.

(53) 화자1: 머냐 이거는?
   화자2: 영화표잖아.
(54) 화자1: 머냐 이거는?
   화자2: 내가 알어. 철수가 두고 간 영화표야.
(55) 화자1: 오늘 거기 몇 명 갔니?
   화자2: 내가 알려줄게. 10명 갔어.
(56) 화자1: 오늘 거기 몇 명 갔니?
   화자2: 철수한테 물어봐.

(53)에서 화자1은 화자2에게 정보 제공을 요구하고, 이에 화자2는 '영화표잖아'라고 직접 정보를 제공한다. 질문에 대한 전형적인 응대인 (53)과 같은 경우는 정보 차원의 응대이다. 이러한 정보 차원의 응대에서는 (53)과 같이 직접 정보를 제공하는 방법도 있고, (54)와 같이 '내가 알어'라며 정보 소유를 표명하며 제공하는 방법도 있다. 한편, (55)와 (56)의 예는 수행 차원의 응대로, (55)의 화자2는 '내가 알려줄게'라며 자신이 수행할 정보 제공 행위를 기술하며 응대하며, (56)의 경우도 '철수한테 물어봐'라는 정보 탐색 행위를 지시하면서 응대한다.

질문자가 원하는 정보를 제공하는 응대의 경우, 응대자는 질문자에게 제공하는 정보의 양을 필요한 만큼만 주기도 하고, 필요 이상의 추가적인 정보를 제공하기도 한다.

(57) 화자1: 사람들 많이 올 것 같아?
   화자2: 음.
(58) 화자1: 일 안 했어?

---

24 메타 화행이란 현재 대화하고 있는 상황에서 이루어지는 화행에 대한 화행, 화행 그 자체를 평가, 지시, 설명, 진술, 언급하는 모든 화행을 말한다 (김선화 2004: 12).

화자2: 일 끝나고 은주가 불러가지고, 종각 가니깐 열두 시
반, 열두 시 이십 분이더라. 그때 거기서 술 먹고?
택시타고 은주네 집 가 가지고? 거기서 은주랑 또
술 한 다섯 시까지 먹고,

(57)에서 화자2는 화자1의 판정 질문에 긍정의 대답을 한다. 이
때 '음'이라는 감탄사로만 대답을 하며 질문자가 요구하는 정보만
제공하는 응대를 한다. 이러한 응대는 장경희(2000)에서 말한 '단
순 응대'이다.25 그러나 (58)에서는 '응, 했어'라는 대답은 생략한
채 이후 사건에 대한 정보를 자세하게 덧붙여 제공하는데, 이러
한 응대는 '확장 응대'이다.26 확장 응대는 질문 내용에 대한 태
도, 응대자의 심리 상태, 인간관계 등 상황에 따라 다양한 정보를
전달해 주며, 새로운 주제를 제시하는 기능을 지니기도 한다(장경
희 2000: 166).

질문에 대한 확장 응대는 다시 첨가 확장, 추론 확장, 명세화
확장으로 하위 유형화할 수 있다. 첨가 확장은 질문자의 요구 정
보를 제공한 후에 정보를 추가하여 확장하는 것이고, 추론 확장
은 요구 정보를 명시적으로 제공하지 않고 확장 정보를 제공하여
추론의 과정이 필요한 확장을 말한다. 마지막으로 명세화 확장은
질문자가 요구한 정보의 크기는 그대로인데 정보 내용을 구체적
으로 제공하는 것이다. 유형별 예를 보이면 다음과 같다. (59)는

---

25 장경희(2000: 164-166)에서는 판정 질문에 대한 긍정과 부정의 응대를 분석
하며 아래 예와 같이 간투사와 질문 내용의 사실 여부의 판정에 그치는 응
대를 단순 응대라 하였다.
  (1) 은정: 순이 집에 있니?
     지화: {응 / 사실이야 / 맞아 / 있어}.
  (2) 은정: 순이 집에 있니?
     지화: {아니 / 사실이 아니야 / 틀렸어}.
26 화행 확장에 대해서는 장경희(2000)을 참고하기 바란다.

첨가 확장, (60)은 추론 확장, (61)은 명세화 확장의 예이다.

    (59) 화자1: 사줬어?

          화자2: 사줬지-, 오만 구천원 주고-.

    (60) 화자1: 떡 했어?

          화자2: 내일 찾으러 가.

    (61) 화자1: 부서가 얘네가 훨씬 빡센 거 아니야?

          화자2: 일곱 시 출근, 열한 시 퇴근.

(59)에서 화자2는 화자1의 질문에 일단 대답을 하고 추가로 '오만 구천원 주고'라는 정보를 제공한다. (60)에서는 '응, 찾으러 가'라는 정보가 생략된 채 '내일 찾으러 가'라는 대답을 하는데, 화자2의 응대에는 화자1이 원하는 정보는 생략되어 있지만 추론을 통해 화자1은 원하는 정보를 찾을 수 있다. (61)의 예에서 화자2는 힘든 부서라는 사실을 더욱 명세화하여 구체적으로 보여준다.[27]

3.1.2 비선호적 응대

    응대자가 질문자가 원하는 정보를 제공하지 못하는 비선호적 응대를 보기로 하자. 비선호적 응대를 수행하는 화자는 정보를 가지고 있지 않기 때문에 제공하지 못할 수도 있고, 고의로 제공하지 않을 수도 있다. 이때의 응대도 정보 층위와 수행 층위로

---

[27] 확장 응대의 경우, 여러 개의 발화를 진술하였는데 단순 나열로 그친 경우와 구체화, 예시 등의 발화로 조직된 경우, 이들은 언어 능력에서 차이가 있는 것으로 추론해 볼 수 있다. 그리고 이에 대한 연구는 언어 발달 단계에 있는 아동들을 대상으로 하여 그 구체적인 발달 단계를 수립하는 것으로 구성되어야 한다.

나누어 살펴볼 수 있다. 먼저, 정보 층위부터 보면, 응대자는 질문자가 요구하는 정보에 초점을 맞추지 못하여 제공하거나, 충분하지 못한 정보를 제공하거나 또는 정보를 전혀 주지 못할 수도 있다. 정보가 없는 경우는 단순히 없다는 사실만을 드러내거나, 정보가 없는 이유나 상황에 대한 설명을 부가하기도 한다.

> (62) 화자1: 니네 거기 그 전세 값 얼마야?
>   화자2: 우리 동네는 싸.
> (63) 화자1: 저거 언제 해?
>   화자2: 이월 십구 일이던가, 십육 일이던가?
> (64) 화자1: 왜 그래.
>   화자2: 나도 몰라.
> (65) 화자1: 그러면 좀 싸게 먹었어, 서비스 받았어?
>   화자2: 그건 모르겠어. 계산 한 사람이 알 것 같애.

(62)에서 화자2는 화자1의 질문에 정확하게 얼마인지를 말하는 것이 아니라 막연하게 '우리 동네는 싸.'라고 응대한다. 즉, 질문자의 질문에 초점을 맞추지 못하고 명확하지 않게 대답을 하는데, 이러한 응대는 질문자의 요구를 충분히 만족시켜 주지 못한다. (62)에서와 같이 응대 화자가 정확하지 않은 정보를 제공하는 이유는 정확한 정보 제공을 꺼리기 때문일 수도 있고, 정보를 가지고 있지 않기 때문일 수도 있다. (63)의 응대 화자는 정보를 가지고 있기는 하지만 정확한 정보를 가지고 있지 않아 질문의 형식으로 대답한다. (64)와 (65)는 응대 화자가 질문자가 요구하는 정보를 가지고 있지 않은 경우이다. 응대자는 '몰라, 모르겠어'라는 대답으로 질문자의 정보 제공 요구를 충족시켜 주지 못하고 있다. (64)에서는 응대자 자신이 정보를 가지고 있지 않다는 사실만을 진술하였고,

(65)에서는 정보 부재에 대한 부가적인 설명이 주어졌다.

비선호적 응대의 경우에도 메타 화행으로 응대할 수 있다. 질문에 대해 바로 정보를 제공하지 않고 단계적으로 제공하거나, 정보를 제공할 수 없다고 하거나, 질문을 무시하거나 응대하지 않는 경우 등이 이에 해당한다.

> (66) 화자1: 꼭 제가 가야 됩니까.
> 　　　화자2: 어디?
> (67) 화자1: 삐리리가 뭐야?
> 　　　화자2: 가르켜(가르쳐) 줄 수 없어.
> (68) 화자1: 맨날 출장 다녀?
> 　　　화자2: 몇 분 지났어?

(66)에서 화자2는 화자1의 질문에 대해 바로 정보를 제공하지 않고 질문 화행을 통해 자신이 제공해야 하는 정보가 무엇인지 확실하게 파악한 후 정보를 제공하려고 한다.[28] 이와 같은 단계적 응대는 수행을 지연시켜 응대하는 것으로 수행 관점의 응대이다. 이러한 단계적 응대는 질문 내용을 충분히 이해할 수 없다든지, 질문 내용을 보다 세부적으로 이해할 필요가 있는 상황, 혹은 응대자의 심리적 상태나 대화 상대와의 인간관계 등으로 인하여 응대자가 질문에 대답하고 싶지 않은 상황 등에서 발생한다(장경희 2000). (67)은 질문에 대해 직접적으로 '가르켜 줄 수 없어'라고 하며 응대 수행 불가의 대답을 한다. (68)은 화자1의 질문에 대해 응대하는 것이 아니라 전혀 새로운 주제로 응대하고 있어, 화자1의 질문을 회피하는 응대이다. 즉, 화자1의 질문에 고의적으로

---

28 단계적 응대는 응대 시점의 즉각성 여부에 의한 구분이다(장경희 2000). 질문에 이어 즉각적으로 수행하는 응대는 즉각적 응대이고, 일정한 절차를 거친 이후에 수행되는 응대는 단계적 응대이다.

대답을 하지 않는 경우이다.

비선호적 응대를 하는 경우, 화자는 질문자의 전제 자체를 부정하며 정보를 제공하지 않기도 한다.

> (69) 화자1: 간병비 왜 안 내? 어? 간병비 왜 안 내냐고.
> 화자2: 그걸 누가 내래-. 내란 말 없었잖아-.

(69)에서 화자2는 화자1이 원하는 정보인 '간병비를 내지 않는 이유'를 제공하는 것이 아니라 질문 자체를 부정하며 응대한다.

3.2 질문에 대한 응대 방법과 말하기 능력 평가

질문에 대한 응대 방법을 선호적 응대와 비선호적 응대로 구분하여 구체적인 하위 응대 방법들을 살펴보았는데, 이들 하위 응대 방법들은 말하기 능력 평가(oral proficiency assessment)의 관점에서 볼 때 대화 참여자의 상호작용 능력과 관련이 있다. 여기에서는 응대 방법별로 상호작용이 어떻게 다르게 나타나는지를 살펴보고 이를 토대로 질문에 대한 응대 방법을 통한 상호작용 능력의 평가 기준에 대해 논의한다.

3.2.1 응대 방법별 상호작용

말하기에서 상호작용은 상대를 배려하며 대화가 원활하게 진행되도록 하는 태도를 통해 이루어진다. 질문에 대한 응대에서는 질문자가 요구한 정보에 어느 정도의 정보를 제공하는가 하는 정보의 양은 단순히 인접쌍을 구성하는 차원이 아니라 대화 참여 태도, 대화 진행 의지 등을 파악할 수 있는 표지가 된다.

> (70) 화자1: 음악 좋아하십니까?
>   화자2: 예.
>   화자1: 무슨 음악 좋아하시는데요?
>   화자2: 클래식을 좋아하는 편입니다.
>   화자1: 클래식 중에서 어떤 작곡가의 작품을 즐겨 들으세요?
>   화자2: 모차르트입니다. (구현정 2001: 215에서 재인용)

(70)에서 화자1은 계속 질문을 하며 대화를 진행시키려 노력하고 있고, 화자2는 질문에 대하여 단순 응대로 일관하고 있다. 이때 화자2의 응대는 대화의 격률도 지켰고, 특별히 문제가 되는 내용을 말한 것도 없지만, 적극적인 대화 참여 태도가 보이지 않는다. 이러한 질문과 단순 응대의 연속은 화자1에게는 대화를 계속 이끌어가야 한다는 강박감과 책임감을 부여하게 되고, 화자2에게는 추궁을 당하는 기분이 들게 하여 결국에는 대화가 단절되는 상황에 이르게 된다. 즉 대화를 원활히 지속시키기 위해서는 상대방이 한 말에 적절한 대답을 할 뿐만 아니라, 상대방의 대화 참여를 유도할 수 있는 배려 발화도 필요하다. 이처럼 상대를 배려하는 태도는 확장 응대를 통해 드러날 수 있다.

> (71) 화자1: 음악 좋아하십니까?
>   화자2: 예, 좋아해요. 그렇지만 요즘 대중음악에는 별로 관심이 없어요. 성하 씨도 음악을 좋아하세요? (구현정 2001: 216에서 재인용)[29]

---

29 Heritage(1984: 242)에서는 말을 받는 사람은 두 가지 작업을 해야 한다고 지적한다. 하나는 앞 사람의 말을 수용하고 이를 받아들이는 말을 하는 것이고,

(72) 화자1: 거기 에어컨 있어?

    화자2: 거긴 도서관인데-, 시원하지. 우리 그래서 안 그래도? 방학 때는- 애들 다 글로(그리로) 막~ 보내려고. 그리고 우리 동민이 거기가 놀이터야.

    화자1: 그래?

    화자2: 거기서 그래 또, 책만 보는 게 아니라? 그 둘레 있잖아. 주변에서 노는 거야.

    화자1: 그래-?

    화자2: 맨날 도서관 가서 [1책도 보고, 놀기도 하고,

    화자1:   [1아~ 진짜 나도 방학하면 가야 되겠다.

    화자2: 오세요- 거기. 그리고 뭐야, 우영이 읽어줘. 그게- 이해력은, 책을 읽어줘야 돼. 지금 당장은 표시 안 나도 나중에 고학년 되고 하면, 책을 많이 읽은 애하구- 안 읽은 애랑-, 아무래도 차이가 나지.

(71)에서 화자2는 화자1의 질문에 단순 응대가 아닌 확장 응대로 대답한다.[30] 화자2는 "예, 좋아해요. 그렇지만 요즘 대중음악에는

다른 하나는 그 말을 받아서 다시 새로운 정보를 담아 상대에게 전달하는 일로, 전자를 맥락다듬기(context-shaped), 후자를 맥락갱신(context renewing)이라고 한다.

  (7) 예에서 화자2는 "예, 좋아해요. 그렇지만 요즘 대중 음악에는 별로 관심이 없어요"와 같이 대답을 하면서 맥락 다듬기를 하였고, "성하 씨도 음악을 좋아하세요?"하여 말로 다시 새로운 정보를 담은 내용으로 맥락 갱신을 하여 다시 화자1에게 돌려줌으로써 대화는 계속하여 순환이 될 수 있도록 하였다.

30 확장 응대는 명시적 확장, 생략 확장, 구체화 확장으로 나누어 보았는데 명시적 확장보다는 생략 확장이나 구체화 확장을 하는 것이 말하기 능력에서 우수하다고 예상해 볼 수 있다. 생략 확장은 추론의 과정이 필요하고, 구체화 확장은 정보를 구체화하는 능력이 필요하기 때문이다. 자료에서도 확장의 하위 유형별 차이는 유의미하지 않은 것으로 나타났다(x^2=5.912 df=4 p=.206). 이에 대해서는 아동을 대상으로 하여 언어 능력 발달의 관점에서 연구해 볼 필요가 있다.

별로 관심이 없어요"와 화자1이 요구한 정보 이외에도 자신의 취
향에 대한 정보를 덧붙여서 대답하며, 동시에 "성하 씨도 음악을
좋아하세요?"라고 질문으로 화자1에게 말차례를 되돌려 주며 주제
를 전개시켜 나간다. 질문자와 응대자의 역할을 교대로 수행하고
있어 대화 진행에 대한 책임을 동시에 지니고 대화에 참여하고
있다. (72)에서도 화자2는 확장 응대로 대답한다. 도서관이 시원
한지에 대한 정보 이외에도 자신의 도서관 이용 계획과 도서관
주변 상황 등에 대해 자세히 설명한다. 이에 화자1도 적극적으로
대화에 참여하며 대화를 진행시켜 가며 화자1,2의 적극적인 대화
참여는 응대 방법뿐만이 아니라 '그래'와 같은 맞장구와 긍정적인
말차례 겹침을 통해서도 확인된다.[31]

이처럼 질문자의 정보 제공의 요구가 응대자의 협조적인 태도
에 의해 달성될 때 질문자는 대화 행위에서 성취감을 느낄 수 있
고 자신이 지닌 친교, 문제해결 등의 의사소통 목적을 위해 대화
를 더욱 지속하게 된다. 따라서 대화가 단순히 정보를 주고받는
행위로 그치지 아니하고 대인 관계에도 영향을 가져오게 된다.[32]

다음으로 비선호적 응대의 경우를 살펴보기로 한다. 응대자가 정보
를 가지고 있지 못한 경우에는 이에 대한 부연 설명을 하는 게 일반
적이다. 설명 없이 정보 부재만을 진술하면 질문자와 갈등이 생긴다.

---

31 이원표(2001)에서는 '말 끼어들기를 청자반응신호, 우발적 말 끼어들기, 우
호적 말 끼어들기, 비우호적 말 끼어들기'로 유형을 분류하였다. 이중 우호
적 말끼어들기는 '대화의 공동 구성, 명료화 요청, 요지에 부합하는 화제의
전개 및 발전, 선호 반응, 친밀감 증진'으로 세분화하였다.

32 실제 자료에서는 전체적으로 단순 응대가 확장 응대보다 높은 비율(64.8%)
로 나타나 일상 대화에서 단순 응대가 더 자주 사용되는 것을 볼 수 있었
다. 그러나 연령대별로는 유의미한 차이를 보였는데(x^2=8.495 df=2 p
< .05), 20대(40.8%), 30대(35.6%)가 10대(25.8%)보다 확장 응대를 많이 하
는 것으로 나타났다. 동일연령, 동일성별로 구성된 10대 집단은 다양한 사
회적 관계로 형성된 2, 30대 성인집단에 비해 상대적으로 상대방을 배려하
는 화법을 덜 사용하며 대화에 참여하는 것으로 해석된다.

(73) 화자1: 근데 결제액 얼마냐.

　　　화자2: 몰라.

　　　화자1: 얼마 들었어?

　　　화자2: 아이~ 금액 안 나왔어.

　　　화자1: 금액이 안 나왔어? 금액이 왜 안 나와.

　　　화자2: 안 나온 거 있지 그게.

　　　화자1: 아후~. 갑갑해. 갑갑하다고- 아저씨-.

(73)에서 화자1은 정보 제공을 요구하였는데 이에 화자2는 '몰라'로 응대하였다. 이에 화자1은 다시 질문을 하며 정보를 얻으려 노력하고 끝내 정보를 얻지 못하자 "갑갑하다고- 아저씨-"라고 하며 화자1을 비난하는 표현을 하기에 이른다. 응대자가 질문에 대한 정보를 가지고 있지 못하는 경우, 이에 대한 설명이나 대안을 제시하여야 하는데 그렇지 않을 경우 대화 참여자 간에 갈등이 생기고 대화가 단절되는 상황에 이르게 된다.

　정확하지 않은 정보를 제공하는 것도 대화 참여자 사이의 갈등을 유발한다.

(74) 화자1: 아주버님한테 전화 해 봤어?

　　　화자2: 아니.

　　　화자1: 왜 안 했어? [1어?

　　　화자2: 　　　　　　[1뭐-, 못했네.

　　　화자1: 왜-?

　　　화자2: 그냥.

　　　화자1: 못 한 게 아니라 하기 싫어서 안 한 거 아니야? 어?

(74)에서 화자1의 "왜 안 했어?"라는 질문에 화자2는 "뭐, 못했네."라고 하며 못한 이유에 대한 정보를 구체적으로 제공하지 않

고 있다. 이러한 정확하지 못한 정보 제공은 응대자가 정확한 정
보를 가지고 있지 않기 때문일 수도 있고, 응대자가 의도적으로
그럴 수도 있다. (74)의 경우는 화자2가 의도적으로 불분명한 정
보를 제공하고, 화자1은 화자2의 의도를 파악해 따지고 있는 상
황이다. 이처럼 고의적으로 불분명한 정보를 제공하는 경우, 상황
에 따라서는 질문자에게 불쾌감을 느끼게 하기도 한다.

또한 수행 불가, 수행 회피 등의 응대도 상대를 배려하지 않는
비협조적인 대화 태도를 전달한다.[33]

> (75) 화자1: 슈팅했는데 얼굴 맞고 나갔어. 으아. 축구할 때 자빠
> 졌을때 파스뿌리면 시원하냐?
> 화자2: 대답 안 할래.
> 화자1: 어?
> 화자2: 대답 안 할래
> &
> 화자1: 집에 가고 싶다.
> (76) 화자1: 어제 몇 시에 집에 들어왔어?
> 화자2: 밥 먹자.
> 화자1: 말 돌리지 말고 대답해 봐. 응?

(75)에서 화자2가 '대답 안 할래.'라며 수행 불가의 응대를 반복하
자, 대화가 잠시 중단된 후 화자1이 '집에 가고 싶다'고 하며 대
화 상황에서 벗어나기를 희망한다. (76)에서는 화자1의 질문에 화

---

33 자료에서는 연령대에 따라서는 불분명한 정보 제공의 경우 10대, 20대보다는
30대에서 상대적으로 높게 나타났고, 정보 부재의 경우는 설명을 하지 않는
응대가 20~30대에 비해 10대에서 상대적으로 높게 나타났다(x^2=48.401
df=14 p< .000). 수행 회피의 경우도 10대가 20~30대보다 많이 사용하는 전
략인 것으로 조사되었다. 즉, 10대가 20대, 30대보다는 정보 제공을 할 수
없는 경우 비협조적인 응대 방법을 선택하는 것으로 나타났다.

자2가 새로운 주제를 제시하며 응대 수행을 회피하려 하자 화자1
이 직접적으로 수행 회피를 지적하며 응대 수행을 촉구한다. 이
처럼 응대 수행 불가나 수행 회피는 대화 진행이 지속되기 어렵
게 하며 대인 관계 측면에서도 갈등을 유발한다.

3.2.2 응대 방법과 말하기 능력의 평가 기준

지금까지 질문에 대한 응대 방법에 따라 상호작용성이 달리 나
타나는 것을 확인하였다. 이를 토대로 본 연구에서는 상호작용 능
력 평가 항목 가운데 질문에 대한 응대 방법의 평가 기준을 다음
과 같이 제안한다.

  ○ 질문에 대한 적절한 응대 방법
    - 요구한 정보에 추가적인 정보를 제공하는가
    - 질문자가 요구한 정보를 가지고 있지 않을 때 정보 부재
      가 긍정적으로 수용될 수 있는 활동이 추가되는가
    - 정확하고 구체적인 정보를 제공하는가
    - 응대 회피나 거부를 하지 않는가

위의 기준은 일상 대화를 바탕으로 마련한 것이다. 그러나 이러한
기준은 공적 대화, 사적 대화에 관계없이 두루 적용될 수 있을 것
이다. 예를 들어 발표가 끝난 후 질의 응답 시간에 청중이 한 질
문에 발표자가 대답을 하지 않고 거부한다거나 아무 설명 없이
모른다고만 할 경우 청중은 몹시 불쾌한 기분을 느끼게 된다.
  우리가 접하게 되는 대화 상황은 대화 참여자의 성별, 관계, 목
적 등에 따라 매우 다양하다. 남성의 경우 질문에 대한 필요 이

상의 대답은 불필요한 정보 제공으로 받아들여 부정적으로 평가할 수도 있고, 대화에서 직접적인 정보 제공으로 대답하는 것을 대화 참여자의 체면을 손상시키는 것으로 여겨 고의로 불분명한 정보를 제공할 수도 있다. 이러한 다양한 상황에서의 상호작용성 평가를 위한 기준은 대화 참여자, 대화 목적, 대화 상황 등을 고려하여 보다 세밀한 기준이 마련되어야 할 것이다.

3.3 요약

이 절에서는 언어적 응대를 필수적으로 요구하는 질문에 대한 응대 방법을 통해 상호작용 능력을 평가할 수 있는 기준을 살펴보았다. 이를 위해 우선, 질문에 대한 응대 방법의 하위 유형을 나누었고, 이를 토대로 평가 기준으로 활용 가능한 응대 방법에는 어떤 것들이 있는지 분석하였다.

질문에 대한 응대 방법은 질문자의 목적이 달성되는 경우와 달성되지 못하는 경우로 구분하여 정보 차원, 수행 차원 등의 관점에서 보았다. 질문에 대한 적절한 응대 방법은 상대방을 배려하며 대화를 지속시킬 수 있는 것으로 파악하였다. 질문자의 요구 정보에 추가적인 정보를 제공하는 응대, 정보 부재에 대해 설명을 지닌 응대, 정확하고 구체적으로 정보를 제공하는 응대, 응대 회피나 거부를 하지 않는 응대 등이 그러한 하위 방법들로 정리되었다.

현재 말하기 능력 평가는 그 필요성에 대해서는 모두 공감하고 있지만, 말하기 능력의 본질을 평가할 수 있는 객관적이고 타당한 평가 내용, 기준, 방법 등에 대한 연구는 부족한 실정이다. 이 책에서 살펴본 질문에 대한 응대 방법은 상호작용 능력의 일부분에 해당하는 것이다. 질문 이외의 여러 화행의 수행 방법과 응대 방법, 비언어적 응대 방법 등 상호작용 능력의 다른 항목들에 대한 연구는 남은 과제라 생각된다.

참고문헌

구종남(2001). "국어 의문의 화행과 응답 방식," 한국언어문학 46, pp. 413-432.

구현정(2001). 개정 대화의 기법. 경진문화사.

국립국어원·MBC문화방송(2007). "구어적 의사소통능력 향상을 위한 교육 프로그램 연구," 제3회 국립국어원·MBC문화방송 공동 연구발표회.

김선화(2004). 메타화행 수행 방법에 관한 연구. 한양대학교 석사학위논문.

김순자(1999). "대화의 맞장구 수행 형식과 기능," 텍스트언어학 6, pp. 45-69.

김순자(2001). 여성 화자의 화행 수행에 관한 연구: 동료들 사이의 대화를 중심으로, 한양대학교 박사학위논문.

김정선·김명희(2005). "아동의 일상 대화에 나타난 질문 확장의 발달 양상," 한국어의미학 18, pp. 197-215.

김정선·장경희(2004). "초등학생 대화에서 관찰되는 질문의 기능과 발달 양상". 국어교육 115, pp. 157-184.

김정선·장경희(2005). "일상 대화에 나타난 질문 확장 양상," 국어교육 118, pp. 221-248.

김태자(1989). 발화분석의 화행의미론적 연구, 탑출판사.

김하수(1989). "언어행위와 듣는 이의 신호에 관한 화용론적 분석 시도 -담화 속에 "네"- ," 외국어로서의 한국어교육 143, pp. 55-70.

노은희(2001). "협조적인 대화의 맞장구," 동서문화연구 9집, pp. 15-26.

노은희(2002). "청자의 맞장구 유형과 기능 연구," 화법연구 4, pp. 245-269.

류현미(1999). 국어 의문문의 연구, 충남대 박사학위논문.

민현식(1995). "국어의 여성어 연구," 아세아여성연구 34, pp. 9-64.

박미경(2005). 맞장구표현에 관한 韓·日 비교 연구 -드라마 『겨울연가』를 중심으로, 중앙대학교 석사학위논문.

박선용(2006). 한국어교육을 위한 한국어 맞장구 어사 기능 분석, 경희
　　대학교 석사학위논문.

박용익(2003). 수업대화의 분석과 말하기 교육, 역락.

박용한(2003). 토론 대화 전략 연구, 역락.

박정선(2005). 한국어 학습자를 위한 맞장구 표현 연구, 상명대 석사학
　　위논문.

배소현(1998). "맞장구 표현에 관한 한일 대조 고찰," 일본어문학 5,
　　pp. 117-136.

송영주 역(1993). 담화분석(Stubbs, M. W. 1983. *Discourse Analysis,*
　　Blackwell), 한국문화사.

신지연(2004). "논증텍스트에서의 '그러나'의 주제 전개 기능," 텍스트언
　　어학 16, pp. 41-63.

오현주(2004). 한국어 학습자의 동조(맞장구) 표현 연구, 경희대학교 석
　　사학위논문.

유동엽(1997), 대화 참여자의 대화 전략에 관한 연구 -상호작용을 위한
　　대화를 중심으로, 서울대 석사학위논문.

이선민(1994). "あいづち 행동의 한일 비교," 일어일문학연구 24, pp.
　　121-142.

이선민(2003). "言語行動の社會言語學的考察," 대구산업정보대학 논문집
　　17, pp. 103-113.

이완기(2003). 영어 평가 방법론. 문진미디어.

이원표(2001). 담화분석. 한국문화사.

이은영(1998). 대답의 분류와 특성 연구, 부산대 석사학위논문.

이은영(2003). "직접적인 대답과 간접적인 대답의 기능," 한국어학 20,
　　pp. 175-190.

이익섭 · 채완(1999). 국어문법론 강의, 학연사.

이익환 · 권경원 역(1993). 화용론(Levinson, S. C. 1983. *Pragmatics,* Cambridge
　　University Press.). 한신문화사.

이창덕 외(2000). 삶과 화법. 박이정.

이창덕(1992). 질문 행위의 언어적 실현에 관한 연구. 연세대 박사학위논문.

이현진 외 역(2001). 언어발달(2판), 시그마프레스.

임규홍(2001). "국어담화의 끼어들기 유형에 대한 연구," 언어과학 연구 20, pp. 321-352.

임영철(2003). "日本人とのコミュニケーション," 사회언어학 2, pp. 239-251.

장경희(1997). "대화 텍스트의 결속 구조," 한양어문 15, pp. 283-300.

장경희(1999). "대화의 접속과 내포," 텍스트언어학 7, pp. 147-177.

장경희(2000). "판정 질문에 대한 긍정과 부정," 한국어 의미학 7, pp. 149-174.

장경희(2001). "판정 질문에 대한 판정 결여의 응대," 새시대의 우리말 연구-최창렬 교수 정년퇴임논문, 역락. pp. 391-417.

장경희(2006). 말하기능력 측정도구 개발 1, 국립국어원 결과보고서.

장경희·이삼형·김정선(2003). "유아의 질문 화행 습득 과정," 텍스트언어학 15, pp. 401-425.

장수희(2004). 일상 대화에 나타난 청자 반응 연구, 한남대학교 석사학위논문.

전혜영(2006). "언어 사용자의 성별과 발화 특성," 한국어학 31, pp. 47-70.

Bergmann, J.(1992). "Veiled morality: Notes on discretion in psychiatry," In P. Drew and J. Heritage(eds.). *Talk at Work.* Cambridge: Cambridge University Press.

Duncan, J. S.(1974). "On the structure of speaker-auditor interaction during speaking turn," *Language in Society* 2. pp. 161-180.

Freed, A. F.(1994). "The form and function of question in informal dyadic conversation," *Journal of Pragmatics* 21. pp. 621-644.

Heritage, J.(1984). *Garfinkel and ethnomethodology,* Cambridge: Cambridge University Press.

Leech, G. N.(1983). *Pragmatics,* Cambridge: Cambridge Univ. Press.

Maynard, S. K.(1986). "On back-channel behavior in Japanese and English casual conversation," *Linguistics* 24, pp. 1079-1108.

Maynard, S. K.(1993). Kaiwabunseki[Discourse Analysis]. Nichiegigo taisho kenkyu shirizu*[Series of contrastive study of japanese and English]*, Shibatani, K, Senkou, Y, and Kageyama, T(eds.). 2. Tokyo: Kuroshio.

Mayard, S. K.(1997). "Analyzing Interactional Management in Native/Non-native English Conversation: A Case of Listener Response," *IRAL* 35, pp. 37-60.

Mehan, H.(1985). "The structure of classroom discoures," In T. Van Dijk(ed.), *Handbook of Discourse Analysis,* vol. 3. New York: Academic Press.

Searle, J. R.(1975). "Indirect speech acts, in P. Cole and J. Morgan(eds.). *Syntax and Semantics,* vol 3:Sepeech Acts. New York: Academic Press.

Sinclair, A., and Gessel, V. R.(1990). "The form and function of questions in children's conversation," *Journal of Pragmatics* 14. pp.923-944.

Stubbs, M. W.(1983). *Discourse Analysis.* Oxford: Blackwell.

Yngve, V.(1970). "On Getting a Word in Edgewise," Papers from *the Sixth Regional Meeting of the Chicago Linguistic Society,* pp. 568-578.

찾아보기

ㅊ

ㅍ

ㅎ

필자 소개

장경희
한양대학교 국어교육과 교수

이필영
한양대학교 한국언어문학과 교수

김태경
한양대학교 기초융합교육원 조교수

김정선
한양대학교 국어교육과 조교수

김순자
한양대학교 수행인문학부 조교수

전은진
한양대학교 기초융합교육원 조교수

구어 능력 발달 연구

초판 인쇄 2014년 7월 25일
초판 발행 2014년 8월 1일

지은이 장경희 이필영 김태경 김정선 김순자 전은진
펴낸이 이대현
펴낸곳 도서출판 역락
　　　　서울 서초구 동광로 46길 6-6 문창빌딩 2층
　　　　전화 02-3409-2058(영업부), 2060(편집부)
　　　　팩시밀리 02-3409-2059
　　　　이메일 youkrack@hanmail.net
　　　　등록 1999년 4월 19일 제303-2002-000014호

I S B N 979-11-5686-067-9 93710
정 가 17,000원